contents

1 おつまみとおかず

おいしい酒の肴は、
毎日のおかずに、明日のお弁当にも。

2 ご飯と定食

今日からご飯は鍋で炊く。
一膳のご飯を中心に献立をつくろう。

3 盛り上がる料理

作る自分も食べる皆も、楽しくおいしい。
盛り上がる！一品。

4 短期保存食

野菜・肉・魚で簡単に。
おかずの素は、あなたの右腕。

5 カレー的料理

カレーのようで、カレーじゃない。
ひと味ちがうカレー料理のすすめ。

6 甘いものとお茶

食後に、おやつに、
とびきりおいしい甘いものとお茶で一服。

column++

撮　影　合田昌弘
デザイン　山本 陽・菅井佳奈
（エムティ クリエイティブ）
編　集　美濃越かおる

小さな台所からあなたへ

料理について、台所について考えることがあります。例えば、1日3食何を食べるか。毎日くり返される食事は、基本的には平凡で、変化と抑揚のないものになると思いがちだけれど、それが本当におもしろくないことなのか、と考えてみる。延々と続く同じような食事が、何度食べ続けても決して飽きることのない、日常の楽しみのひとつになるとしたら、それほど素晴らしいことはないんじゃないか？　自分で作る料理が、不安やストレスを抱かずに、時にはどきどきしながら作ったりするものだったら、それはきっと、どんなレストランよりおいしいものになっているにちがいない。今日も作ろう、と確信を持って台所に立てるような、毎日の頼りになる料理。これからのわたしたちには、そんな食べものが大事なんじゃないかと思うのです。

日常をつまらなくするのは簡単で、平凡な物事のなかに楽しみを見つけ出すには、ちょっとした工夫が必要。家族やほかの人のためでもあり、何より自分のために、ささやかな手間を惜しまないようにしたい。疲れて家に帰った日の簡単な食事が、十分においしく、エネルギーになるご馳走だと思える日常は、決して夢じゃないと思うのです。重要なのは、自分が食べるものに誠実になること。ご飯を中心にした素直な献立を土台にして、基本の調味料くらいは質のよいものを選んで、使い続けるうちにそれが味つけの決め手になると知り、やがて自分の料理が好きになる。料理に真摯に向き合うようになる。季節の野菜が入れ替わるくらいの、穏やかな献立を中心に暮らしがまわり、それが忙しい日々の助けになる。それほど素敵なことはないでしょう。

それには、台所という料理を作り出す場所の役割も大きい。使いやすい道具と動きやすい配置があれば、日々のご飯作りは快適なはずです。この台所、だんだん小さくなってきたね、と久しぶりにやってきた人に言われます。確かに、その通り。台所の大きさは、自分が作る料理に関係ない、と気づいてから、できれば今よりもっとこぢんまりと、まるで部屋の一部に台所らしきものがくっついているくらいにしたい。くるっと回れば、全部に手が届く、自分の手の続きみたいな台所。そんな場所で、とびきりおいしいものを作り出したいと思うのです。この本は、毎日の料理をもっと好きになるための、小さな台所で料理教室を開く気分の一冊です。

鉄鍋、ステンレス鍋、アルミ鍋、土鍋、タジン鍋、ちび鍋にでか鍋、浅いの深いの、片手に両手、楕円型。蒸籠、大小ボウルに耐熱容器、白皿いろいろ、かご、かご、かご。おもな道具は、ここに収まっています。

よく使う道具は、手の届きやすい場所に置いています。一番多いのは大小のスプーン。製菓用の木べら、おろし金、すり鉢、計量カップなどもひとまとめに。木のキャビネットには、おおまかな色別に器類を収納。

sunwave

料理をどう仕上げるかは、素材を洗って皮をむいて、蒸したり、ゆでたり、おろしたり、という仕込みにかかっていると言っていい。想像しただけで面倒な作業のように思える下ごしらえは、素材の良し悪しを見きわめる大事な時間。それがわかった時、料理は数段おもしろくなり、アイデアも豊かになっているはずだ。

使い続けてきた道具

煮る、焼く、すくう、混ぜる、容れる、切る、する、つかむ、おろす——最低限それらができるものと、忘れちゃいけない、自分の手も大事な料理の道具。どんな料理を作るか、作りたいかによって選び、そして長く使いたい。

容れる

仕込んだ素材をいったん容れておく小さなボウル、使いやすく並べるバット、混ぜ合わせる大きいボウルがあると、下ごしらえがスムーズに進む。

すくう

大小のスプーンと軽量スプーン。これは調理用、と決めて安いスプーンを多めに買っておく。すくう、混ぜる、味見する——この作業は意外に多いのだ。

切る

料理を始める前に、まず切れる包丁を選ぼう。切る、きざむ、そぐなど、小まわりのきく小ぶりな包丁をメインに使うといい。

煮る

鍋は材質とつくりによって用途が変わる。焼いてから煮るなら鉄鍋、優しい煮込みには厚手のホウロウやステンレス、さっとゆでるなら行平鍋。小ぶりのものは鍋ものにもいい。

混ぜる

白木のスプーンとへらは10年選手。ジャム用、炒めもの用、煮込み用、と使い分けたい。大まかに、油を使うかどうかで分けるといい。

する

陶器製のすり鉢を持っているなら、オリーブの木製もおすすめ。粗塩やハーブをすると舌触りも香りもよくなる。そのまま食卓に出してもいい。

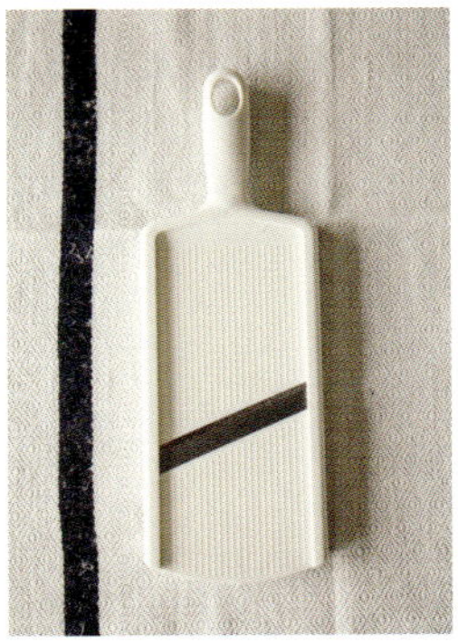

スライスする

スライサーなら、均一に薄くおろせる。それをせん切りにするときれいに仕上がる。替え刃付きの万能タイプもあり。

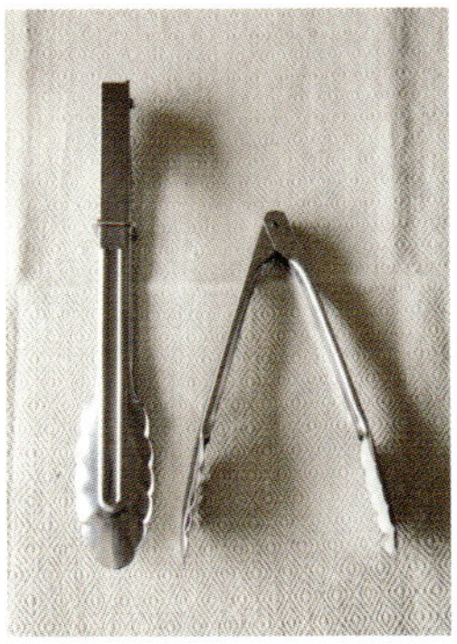

つかむ

基本は菜箸。でも、フライパンでお肉を焼くにはトングが扱いやすいから、使ってみる価値がある。料理のタイプと道具も相性があるのだ。

頼りになる調味料
手助けしてくれる食材

手早く料理の味を決めるには、きちんと作られた調味料が一番の頼り。塩、しょうゆ、酢、味噌、風味のよい油に自然な甘み、そしてハーブやスパイスでシンプルに形作った料理は、永遠の定番になる。レモンやしょうがのアクセントも忘れずに。

塩

味つけの基本は塩。さまざまな国の自然塩が手に入るので、こくのあるものとすっきりタイプをミックスして、好みの塩を作るのもおすすめ。粗すぎたら、すり鉢ですって細かくしよう。

味噌

やや粗い田舎味噌や白っぽい麦味噌が好み。基本はそのまま、なめらかにしたい時は漉したりすって使う。地方と製法によって千差万別のおもしろさ。2種類を合わせて使うと、こくがぐんと増す。

酢

和えもの以外に煮込みにも、ソテーにも使える。いいお酢は仕上げに加えるだけで、どんなにレベルを上げてくれることか。米酢の穏やかさ、ワインビネガーの爽やかさ、黒酢の深み、すし酢の甘み。使い分けて楽しもう。

油

香りのいいごま油、こくが出るオリーブ油、優しい風味の太白ごま油やグレープシード油、菜種油。好みと相性で使い分けを。煮込みなら、途中と最後に分けて入れよう。

しょうゆ

質のよいしゅうゆは、すっきりと雑味がない。薄口は塩気が強め、濃口は色が濃いめ。特徴を知って使い分けしたいもの。頼りないなと思ったら、しょうゆをひとさじ。ニョクマムやナンプラーも仲間。

茶色い砂糖

黒糖、三温糖、てんさい糖、洗双糖、和三盆などなど、味のある茶色い砂糖はさまざま。甘いもの作りに使う以外に、どうしてもこくが出ない煮ものに、ほんのひとつまみ加えるという手もある。

赤唐辛子粉

唐辛子はいろんな働きをする調味料。香りも辛さもいろいろある。味をくっきりさせたい時は仕上げにひとつまみ。煮込みに加えるとだしになる、辛くしない使い方もあるのだ。

スパイス

カレー粉、クミン、コリアンダー、ナツメグ、こしょうにシナモン。カレー作りにはカレー粉を中心に、もう1種類足すのもいい。ナツメグは、唐辛子と同様に味を決めてくれる香り。ホールをおろすと香りがいい。

しょうが

しょうが好きなら、すりおろして瓶に詰め、汁ものに炒めものにサラダに、はたまたご飯にも。おっと、カレーにも。煮込むと保温効果があるから、寒い時期に欠かせない。辛みの素でもある。

レモン

単純で最強の仕上げは、レモンのひと搾り。スパイス風味、ハーブ風味、塩味にしょうゆ味にも合うのが、レモンの強み。ドレッシングには、酢と合わせて使うと効果が増す。

ごま

黒ごま、金ごま、白ごまと、ひとふりしただけでも、個性が際立つ。煎りごまを軽くすって使うと一段と香りがよくなる。味をはっきりさせたい時は、ごまの香ばしさの力を借りよう。

ゆずこしょう

ひと瓶あると、かなり使えるゆずこしょう。ぬか床に、麹漬けに、マヨネーズに。もちろん、お味噌汁や炒めものにも、耳かき1杯分で風味づけになる。きりりと青い辛みは、相当出番があるはずです。

トマト

トマトは「だし」だと覚えておこう。味噌との相性がいいから、夏のお味噌汁の具にもいい。少し粗めの市販のピュレは、野菜や鶏肉をおいしいトマト煮込みにしてくれる。

香味野菜

香菜、青じそ、クレソンなどの香味野菜は、時には味の決め手になったり、料理の香りをよくしたり。茎や根は、香りが特に強いのできざんで使おう。かき揚げに足してもおいしい。

ドライハーブ

生のハーブが余ったら、乾かしておこう。ローリエ1枚とすりつぶしたエルブ・ド・プロヴァンスをひとつまみ入れるだけで、南仏の味になる。タイムとローズマリーは、ソテーや煮込みに重宝する。

海藻

わかめやあおさは酢のもの、汁もの、和えものにも使える。焼き海苔は野菜と合わせてたっぷり使うと、磯の香りがよみがえるよう。食欲がわきます。

野菜の乾物

圧力鍋で乾物豆を煮るのに慣れたら、今度は野菜の乾物を毎日の食事にとり入れよう。花切り大根（輪切り干し）や薄切り干し椎茸は、火を通しても通さなくても使える、ほんとは身近な食材。

はちみつ

はちみつの甘みと風味の種類は限りなく多い。好みのものを酢と合わせて甘酢に、それをソテーにからめたり、しょうがと合わせてデザートソースに、と使い方次第で大活躍。

料理を始める前に

・本書の計量単位は、小さじ1＝5ml、大さじ1＝15ml、1カップ＝200mlです（1ml＝1cc）。
・焼く、炒める、揚げるなどに使う油は、材料欄に記した油にかぎらず、好みの油を使ってください。オリーブ油、太白ごま油、グレープシード油、菜種油など、香りとくせのない油がおすすめです。
・仕上げにかけるオリーブ油やごま油は、香りのよいものを使うといいでしょう。
・酢は米酢、黒酢、すし酢、ワインビネガーなど、種類によって持ち味が少しずつちがいます。好みのものを探してみてください。2種類を混ぜて使ってもいいのです。
・調理時間、保存期間、コンロの火の強さ、オーブンの温度は、目安として記したものです。適宜調節してください。

1

おいしい酒の肴は、
毎日のおかずに、明日のお弁当にも。

お酒に合うものを作ると、たいてい、おかずにしてもおいしい。なんてお得！ 実は量を増やせばいいだけだったり、ふたつを盛り合わせるだけでよかったりするもの。なんでも考え方次第です。さらに、翌日のお弁当に詰めれば、ビールに合わせたことなんて忘れちゃう。これからは、酒の肴からご飯のおかず、お弁当もひと続きで考えてみよう。

素揚げししとうのもみ海苔和え

ごぼうのブション

いんげんのチーズパン粉焼き

素揚げししとうのもみ海苔和え

揚げたてを焼き海苔と和えてお酒に、冷めたらご飯のおかずに。海苔は風味づけの材料としても優秀です。

材料　4人分
ししとう　1パック
焼き海苔　1枚
塩　少量
揚げ油　適量

＊夏から秋にかけて、いろいろな大きさのししとうの仲間が出回るので、細長いのやら太いのやら、お手軽な素揚げで楽しんで。塩をしょうゆに替える手もあり。

1 ししとうはへたを切り落とし、破裂しないように実に短い切り込みを入れる。焼き海苔は小さくちぎる。
2 フライパンに油を温め、ししとうを揚げる。一度にすべて揚げず、少しずつ揚げると油の量が少なくてすむ。緑色がくっきりして薄皮が浮いてきたら、キッチンペーパーの上に取り出して油を切る。
3 温かいうちにボウルに入れ、塩を軽くふり、海苔を加えてざっと混ぜる。

ごぼうのブション

コルク栓のようだから、ブション（栓）と命名。
いろんなお酒に合うごぼう料理です。

材料　4人分
ごぼう　3本
タイム（乾燥）　2本
ナツメグ（粉）　少量
オリーブ油　大さじ3
レモン　1／4個
塩、こしょう　各少量
パン　適量

＊厚手の小鍋でじっくり、やわらかめに蒸し煮するとおいしく仕上がる。しょうゆをたらしたり、黒酢をふっても合う。油に漬けておくと、1週間ほど保存可能。

1 ごぼうはたわしで洗い、長さ2.5cmくらいに切り揃えて、水に4～5分さらす。水気を切って小さめの鍋に並べ入れ、水150mlを注ぐ。塩をふり、タイムをのせ、ナツメグをうっすらとふる。オリーブ油をまわしかけ、蓋をして弱火にかける。
2 煮立ったら火を弱め、やわらかくなるまで30分ほど煮る。途中、水分がなくなってきたら水を足し、少し煮汁が残る程度に煮上げる。
3 軽くトーストしたパンにのせ、塩、こしょう、ナツメグをふり、レモンを軽く搾る。

いんげんのチーズパン粉焼き

いんげんにまとわりついたパン粉は、香ばしいチーズ味。
チーズが香ばしくなるまでじっくり炒めよう。

材料　4人分
さやいんげん　2パック
パン粉　約60g
粉チーズ　大さじ2
にんにく（皮付き）　1片
塩　少量
オリーブ油　大さじ2
アンチョビオイル（☞P.28）
　適量

＊さやいんげんには要注意。火の通りが中途半端だと、かたくて青臭くておいしくないから、十分ゆでること。温泉卵を添えるのもおすすめ。チーズパン粉は、カリフラワーやブロッコリー、なすにもよく合う。

1 さやいんげんは両端を切り落とし、塩を加えた湯で4～5分ゆでてしっかり火を通す。水気を切っておく。
2 フライパンにオリーブ油の1／4量を入れ、にんにくを皮付きのまま弱火で熱する。香りが出てきたらパン粉を加えてざっと混ぜ、粉チーズをふって炒め合わせる。香ばしい焼き色がついたら、ボウルに取り出す。
3 フライパンをきれいにして、残りのオリーブ油を温める。1のさやいんげんを入れ、軽く塩をふり、中火で炒めて少し焼き色をつける。
4 さやいんげんを器に盛り、2のチーズパン粉をふりかけて、アンチョビオイルをかける。

サーモンのベーコン巻き

酒の肴のようでおかずでもあり、お弁当にもいける、ころころ仕上げるベーコン巻き。ぜひ、苦みのあるクレソンを一緒に。

材料　2～4人分
生鮭（切り身）　大2切れ
ベーコン　12～14枚
マッシュルーム　大7～8個
クレソン　1把
塩　少量
オリーブ油　約小さじ2
米酢や白ワインビネガー　約大さじ1

1 生鮭はひと口大に切り分け、ベーコンで巻いて楊枝で留める。マッシュルームは石突きを切り落とす。クレソンは水に浸けてぱりっとさせ、食べやすい長さに切る。

2 フライパンにオリーブ油を温める。食材からも油が出るので最初は少なめにして、様子を見て足すようにする。鮭のベーコン巻きとマッシュルームを並べ入れ、塩をふってこんがりと焼く。動かさずに（これは焼きもののコツ）、片面をじっくり焼いて、上下を返してまたじっくり焼く。

3 全体が色よく焼けたら、仕上げに米酢やビネガーをまわしかけ、フライパンを揺すってなじませる。楊枝をはずし、クレソンと一緒に盛りつける。

＊ベーコン巻きをたくさん仕込んでおいて、焼かずに冷凍も可。これぞお助けの半製品。お酢やビネガーは好みで使い分けると、作るたびに変化があって楽しい。

粗挽きポークバーグ

つなぎなしで、軽くまとめて焼いたハンバーグ。シンプルに、しっかりとお肉の味がする。練りすぎないのがコツです。

1 ボウルに豚挽き肉を入れ、塩をふる。ナツメグは肉の表面全体に薄くかかるくらいに多めにふる。あまり練らないように手で軽く混ぜ、1人分2個を目安に軽く丸める。叩いて空気を抜いたりしなくていい。

2 フライパンにグレープシード油を少量温めて、1の肉を並べ入れる。中火で焼き目をつけ、上下を返して蓋をして、少し火を弱めて3〜4分蒸し焼きにする。表面を押して弾力が出ていたら蓋を取り、水分を飛ばすように焼き上げる。

3 別のフライパンにグレープシード油をひき、やわらかめの目玉焼きを焼く。火を止めて蓋をし、余熱で黄身を固める。

4 トマトピュレにオリーブ油とレモン汁を混ぜ、軽く温める。

5 ハンバーグと目玉焼きを盛り合わせ、4のトマトソースと粒マスタードを添える。

材料　4人分
豚粗挽き肉　400g
ナツメグ（粉）　少量
塩　少量
グレープシード油　適量
卵　4個
トマトピュレ　150ml
オリーブ油　小さじ2
レモン汁　小さじ1／2
粒マスタード　適量

そら豆とグリーンピースの白和え

青豆入り豆腐サラダのつもりで、たっぷり作る白和え。ところどころまだらに味噌味で、お酒がすすみます。

材料　4人分
そら豆　莢をむいて150g
グリーンピース　莢をむいて100g
木綿豆腐　約2／3丁（200g）
味噌　大さじ1強
塩　少量

1 そら豆とグリーンピースは、それぞれ湯でゆでる。水気を切り、そら豆は薄皮をむく。
2 木綿豆腐は、キッチンペーパーに包んで4〜5分おいて軽く水気を切り、ボウルに入れてざっとほぐす。味噌を加え、ゴムベラでなじむまで混ぜ合わせる（塊が少し残っても大丈夫）。味を見て、足りなければ塩を少しだけ加え、薄めの味噌味に調える。
3 そら豆とグリーンピースを2／3ずつ合わせ、2で軽く和える。器に盛り、残りのそら豆とグリーンピースをのせる。

＊2種類の豆は別々にゆでて、それぞれちょうどいいゆで加減にすること。豆腐を絹ごしにすると、やわらかい食感になる。
＊味噌は麦味噌を使うと甘めに、仙台味噌だときりっとする。麹漬けの素（☞P.60）を加えるのもおいしい。

きのこの揚げ浸し

かりっと揚げたきのこにぽん酢の酸味を混ぜると、お酒に添えるだけなく、ご飯にのせたくなりますよ。

材料　4人分
椎茸　4〜5枚
しめじ　1パック
薄力粉　大さじ3
水　約大さじ5
塩、こしょう　各少量
おろし塩しょうが（☞P.28）　適量
すっきり椎茸ぽん酢（☞P.28）　大さじ3
揚げ油　適量

1 椎茸は石突きを切り落として4等分に切り、しめじも根元を落とし、1〜2本ずつにほぐす。合わせてボウルに入れ、薄力粉と塩を軽くふり入れて全体にまんべんなくまぶす。続いて、水を数回に分けて加えて混ぜ合わせる。水の量は、衣が水っぽくならない程度に加減する。
2 フライパンに5〜6mmの深さに油を入れ、弱めの中火にかける。きのこのかけらを落とし、細かい泡が立ったら、油の適温。数回に分けて揚げ、かりっとしたら引き上げる。途中、油が減ったら足す。全部揚がったら、おろし塩しょうがを3か所くらいにほんの少しずつのせ、すっきり椎茸ぽん酢をふって手早く混ぜる。
3 器に盛り、好みでこしょうを軽く挽きかける。

かぶの葉ときゅうりの浅漬け

使い道が限られがちな、かぶの葉っぱを浅漬けに。酸味のあるしょうゆ漬けのような風味です。

材料　4人分
かぶの葉　2〜3株分
きゅうり　細2本
赤唐辛子　1本
塩　少量
すっきり椎茸ぽん酢(☞P.28)
　大さじ2〜3

1 きゅうりは皮をところどころむいて両端を切り落とし、半分の長さに切り、さらに半割りにする。塩をふり、手でもみ込む。
2 かぶの葉は煮立った湯に3秒くらい入れて引き上げ、冷水で冷ましてから水気を絞る。
3 きゅうりの塩を軽く水で落とし、水気を拭き取り、かぶの葉と一緒にボウルに入れる。
4 3にすっきり椎茸ぽん酢を椎茸ごと加え、種を取った赤唐辛子も加えて和える。保存用ポリ袋などに入れて冷蔵庫へ。1時間漬けるとさっぱりした浅漬け、半日漬けるとすっかり味がなじむ。

＊塩だけの浅漬けもおいしいけれど、しょうゆや酢といった発酵調味料で漬けると、ぐんと味が深くなる。大根の葉、切り干し大根や花切り大根を漬けるのもおすすめ。

いかのゆず和えと湯むきトマト

春のやりいかに塩漬けゆずを合わせ、野菜を盛り合わせると、とびきり爽やかなご馳走おつまみになる。

材料　4人分
やりいか　3杯
塩ゆず(☞P.28)　適量
トマト　中2個
ゆでたホワイトアスパラガス
（国産）　細8本
オリーブ油
　大さじ2＋小さじ1／2
塩、こしょう　各少量

1 やりいかは内臓を外して皮をむく。流水で洗って、1cm幅に切る。鍋に湯を沸かし、煮立ったら塩をひとつまみ加え、いかを3回くらいに分けてゆでる。よく沸いた湯に入れ、かたくならないよう4〜5秒で引き上げるのがコツ。
2 トマトはへたを取る。煮立った湯に入れ、2秒後に上下を返し、1〜2秒で引き上げ、薄皮をむく。横半分に切ってバットに並べ、塩をふり、オリーブ油大さじ2をまわしかけてしばらくおく。
3 器に冷ましたいか、トマト、ゆでたアスパラガスを盛り合わせる。いかには塩ゆずをのせ、アスパラガスにはオリーブ油と塩をふり、こしょうを挽きかける。

レバーのスパイスソテー

スパイスをきかせた香ばしい風味のレバーは、赤ワインやこくのあるビールに。食べごたえあり。

材料　4人分
鶏レバー　約200g
にんにく　2片
クミンシード　小さじ1／3
カレー粉　小さじ1／4
赤ワインビネガー　大さじ2
塩　少量
グレープシード油　大さじ1／2

1 レバーは2〜3等分に切り、流水にさらして血を抜く。脂や筋があれば包丁の先で取り除き、水気をしっかり拭き取る。にんにくは皮をむいて半分に切り、芽を取る。

2 フライパンに油とにんにくを入れて弱火にかける。焦がさないようにじわじわと火を通し、にんにくの香りが出てきたら、レバーを並べ入れる。塩を軽くふり、少し火を強めて動かさずにじっくり焼き目をつける。こんがり焼けたら上下を返し、クミンシードとカレー粉をふり、塩を軽くふる。レバーに火が通ってきたら軽く炒め合わせ、赤ワインビネガーをまわしかけてからめる。中まで火が通り（レバーがかちっとしっかりする）、表面がこんがり焼けたら火を止める。この間、3分ほど。

＊レバーが焦げすぎないよう気をつけながら、こんがり火を通す。水気を十分に取ることも大切。唐辛子やカレー粉でうんと辛くしたら、スピリッツに合いそうです。
＊にらや玉ねぎと合わせて炒めると、スパイシーなニラレバ炒めに。

レバーのやわらかコンフィ

やわらかく仕上げる決め手は余熱をうまく使うこと。白ワインにどうぞ。葉っぱと合わせてサラダにも。

材料　4人分
鶏レバー　約200g
ローリエ　2枚
にんにく（皮付き）　1片
オリーブ油　約120ml
塩、こしょう　各少量
パン　適量

1 レバーは2〜3等分に切り、流水にさらして血を抜く。脂や筋があれば包丁の先で取り除き、水気をしっかり拭き取る。

2 レバーを小鍋に入れ、塩をふり、ローリエとにんにくを加え、オリーブ油を注いで弱火にかける。煮立ったらできるだけ火を弱め、油がふつふつと軽く煮立つ程度の火加減を保って、途中上下を返しながら7〜8分煮る。

3 レバーの上にキッチンペーパーをのせて乾かないように保湿し、常温に冷ます。

4 軽くトーストしたパンにのせ、鍋に残ったオリーブ油をかける。こしょうを挽きかけて食べる。

＊火加減を弱く保って静かに煮て、余熱で中心まで火を通す、という段取りで。上等で絶妙なやわらかさに仕上がる。

いわしのレモンマリネ

レモンたっぷりのマリネはイタリア式。いわしは扱いやすい大きさの魚なので、魚料理のいい練習になる。

材料　4人分
いわし　2尾
レモン　1個
塩　少量
エルブ・ド・プロヴァンス　1つまみ
オリーブ油　約大さじ3

1 いわしは下の写真を参照して手開きにし、二等分に切って半身にする。
2 頭側の皮の際に包丁を入れ、皮を静かにひっぱってはがす。半分の長さに切り、皮を下にしてバットや器に並べ、軽く塩をふり、レモン汁1／2個分をふりかける。冷蔵庫に入れてしばらくおく。
3 身の表面が白くなり、水分が出て少し締まったら、器に盛る。レモンをスライスしてのせ、エルブ・ド・プロヴァンスをふり、オリーブ油をまわしかける。

＊新鮮ないわしが手に入ったら、すぐに作っておきたい。身がやわらかいので、くれぐれもよく切れる包丁を使って。内臓を出したり、皮をそぐようにしたりと、包丁の刃先を使うのに慣れるチャンス。エルブ・ド・プロヴァンスは南仏のミックスハーブ。

◎いわしの手開き

1 いわしは頭を落とし、腹側を細長く切り落とす。

2 包丁の刃先で内臓をすべてかき出す。

3 指を骨の際に入れ、中骨に沿って動かして、半身を骨から外す。

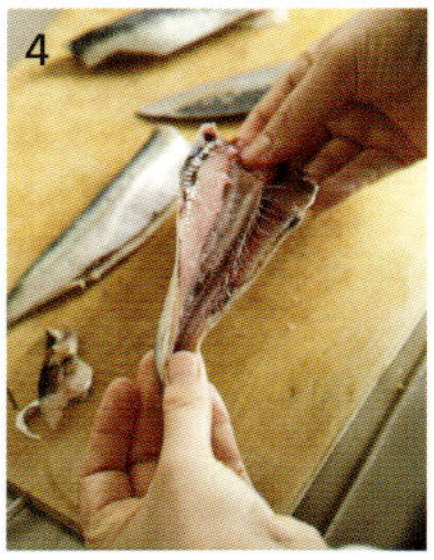

4 尾びれの付け根まで開いたところ。

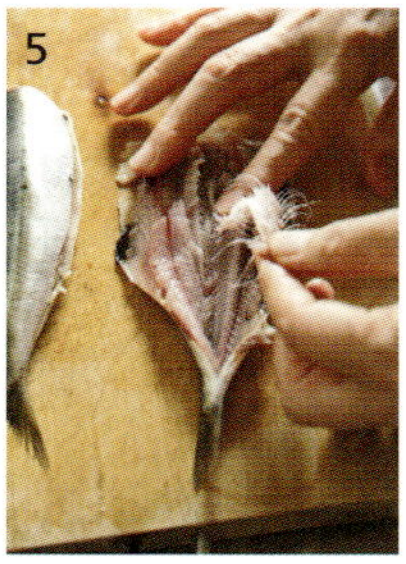

5 まな板にのせ、頭側から中骨をはがしていく。

6 尾びれの付け根まではがしたら、尾びれごと切り落とす。

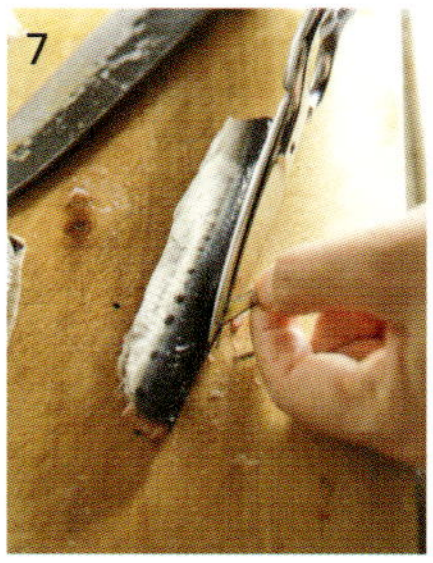

7 背びれをつまんで、はさみで切り取る。

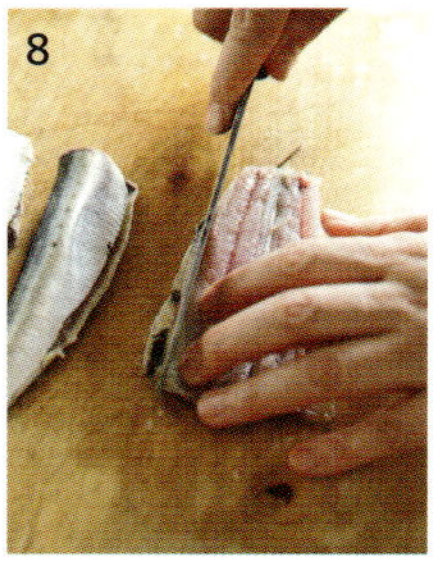

8 腹側の身には小骨があるので、その部分をそぎ切る。表面も内側もさっと洗って水気を拭き取る。

いわしのフライ
こしょうとベーコン風味

細かいパン粉でかりっと揚げるとおいしいフライ。パンにのせたら、ボリュームのあるタパスみたいに。

材料　4人分
いわし　小4尾
パン粉　約60g
薄力粉　大さじ2〜3
卵　1個
塩、こしょう　各少量
グレープシード油　適量
ベーコン（スライス）　4枚

1 いわしは22ページの要領で手開きにして、塩をふる。

2 バットか平らな器に薄力粉を入れる。卵はしっかり溶いておく。パン粉はすり鉢で軽くすって細かくして、別のバットに入れてこしょうをたっぷり挽きかけて混ぜておく。

3 1のいわしの水気を拭き取り、薄力粉をまぶしつけ、軽く粉を払う。溶き卵にくぐらせ、厚くつきすぎないように少し落としてから、パン粉のバットに入れ、まんべんなくまぶしつけ、軽くおさえる。

4 フライパンに4〜5mmの深さに油を入れて熱し、パン粉を少量落としてみる。細かい泡が立ったら、いわしをそっと並べ入れる。中火で片面をしっかり揚げ、上下を返して同様に揚げ、キッチンペーパーの上に取り出して油を切る。

5 フライパンに残った油をざっと拭き、3〜4等分に切ったベーコンをこんがりと焼く。

6 器にいわしのフライを盛りつけ、ベーコンを焼き油ごとのせる。

＊焼いたベーコンを添えると、いわしの食べごたえがアップする。きざんだパセリをふってもいい。きれいな形に仕上げるには、触りたいのをぐっと我慢して、動かさずに揚げること。

トマトとパプリカの目玉焼き

赤い野菜2種類がソースになる、タパス風の目玉焼き。オリーブ油は多め、赤唐辛子をふってスペイン風に。

材料　2人分

卵　1個	塩　少量
トマト　中1／4個	赤唐辛子粉　少量
パプリカ　1／4個	オリーブ油　適量

1 トマトはひと口大に切る。パプリカはへたと種を取り、ひと口大の角切りにする。

2 フライパンにオリーブ油を温め、パプリカに塩をふって弱めの火加減で炒める。少ししんなりしたら、トマトを加えてざっと炒める。真ん中をあけて卵を割り入れ、軽く塩をふって蓋をする。弱火で蒸し焼きにして卵を好みのかたさに仕上げる。

3 器に盛り、オリーブ油をまわしかけ、赤唐辛子粉をふる。そのまま食べても、パンにのせてもいい。

＊オリーブ油を多めにすると、お酒によく合う卵料理になる。ボリュームのある朝ご飯にしてもいい。

たらのスクランブルエッグ

多めに作ると主菜に、卵を1個増やしてオムレツもいい。オリーブの実を加えるとポルトガル風の一品に。

材料　4人分

卵　3個	イタリアンパセリ　2本
塩漬けたらの切り身	にんにく　1／2片
（☞P.64）　大1切れ	オリーブ油　約大さじ1

1 ボウルに卵を割り入れ、軽く溶く。塩漬けたらの切り身は4～5切れに切り分ける。イタリアンパセリは粗くきざむ。にんにくは皮をむいて芽を取る。

2 フライパンにオリーブ油とにんにくを入れて弱火にかける。にんにくの香りが出て、焼き色がついたら取り出す。続いてたらを入れ、木べらでほぐしながら炒め、細かくなったら卵をまわし入れる。ざっと混ぜて、卵がかたくならないうちに火を止めて、余熱でやわらかく固める。仕上げにイタリアンパセリをふる。

＊たらは自分で塩をしても、市販の甘塩だらを使ってもいい。卵を入れる前に味を見て、もし物足りないなと思ったら、そこで少し塩を足すといい。

鯛と野菜の蒸しもの、あさり出汁

やさしい味に仕上げるひと皿は、
疲れ気味の人をもてなしたい春の味。
梅干しの酸味でしゃきっとするかな。

材料　4人分
鯛など白身魚（切り身）　2切れ
にんじん　細4〜5本
じゃがいも　3個
菜の花　1把
グリーンアスパラガス　太4本
あさり　約300g
しょうゆ　小さじ1
塩　少量
梅干し　2個
黒ごま　約大さじ1
太白ごま油　小さじ1
日本酒（または白ワイン）　大さじ2

1 あさりは塩水に浸けて砂抜きする。にんじんは半分の長さに切り、太さに応じて半割りか四つ割りにする。アスパラガスはかたい皮をむいて2〜3等分に切る。じゃがいもは皮をむき、ひと口大に切る。菜の花は水に浸けて葉をぱりっとさせ、根元がかたければ切り落として、半分の長さに切る。鯛は1切れを2〜3等分し、皮側に切り込みを入れ、酒と塩を加えた湯にくぐらせる。

2 鍋に湯を沸かし、蒸し器をのせて蒸す準備をする。蒸気が上がったら、火の通りにくいものから順に入れていく。まず、にんじんとじゃがいも、火が通ったらアスパラガス、2分ほどで鯛の切り身と菜の花をのせて3分ほど蒸す。

3 別の鍋に湯1カップを沸かし、塩としょうゆを加えてあさりを入れ、蓋をする。殻が開いたら味を見て、やや薄めに塩加減する。

4 器に蒸し野菜と鯛、あさりを盛り合わせ、あさりの煮汁をかける。叩いた梅干しをところどころにのせ、黒ごまをふって太白ごま油をたらす。

＊温かくても、粗熱が取れたくらいでもおいしい。主菜なら量をたっぷりに、温かいサラダや和えものと考えて、小さめの蒸籠で少なめに作ってもよく、お酒にもとても合う。

里いものマッシュ

チーズ？と言った人がいた、不思議な食感のマッシュポテト。食いしん坊のベジタリアン気分で考えてみた。

材料　4人分
里いも　大5個
塩、こしょう　各少量
豆乳　約150ml
オリーブ油　大さじ2〜3
パン　適量

1 里いもはたわしでこすって洗い、たっぷりの湯でやわらかくゆでる。熱いうちに皮をむく。

2 別の鍋に里いもを入れ、塩をふってマッシャーか泡立て器でざっとつぶす。豆乳を注ぎ入れて混ぜ合わせ、弱火にかける。オリーブ油の半量を加え、木べらで練ってペースト状にする。味を見て、足りなければ塩を足す。

3 器に盛り、残りのオリーブ油をまわしかけ、こしょうをたっぷり挽きかける。トーストしたパンを添える。

＊スパイスやハーブなども合いそうだけれど、あまり複雑にしないほうがおいしいと思う。こしょうをかけずに、煎りごまをたっぷり、というのはおすすめのアレンジ。じつは、チーズを混ぜ込んでオーブンで焼き、グラタン風にするのもいけるのだ。

根っこと茎の天ぷら

野菜の端っこは香りが強い。そのまま揚げたら風味の濃い酒の肴になる。茎や根っこを貯めておこう。

材料
小松菜、ほうれん草、香菜、
　細ねぎなどの根元
ブロッコリーの茎と葉
クレソンと春菊の茎
うどの切れ端と葉先など
薄力粉、グレープシード油、塩

1 野菜の根元や茎は、火が通りやすいように薄く切ったり、長さを揃える。ボウルに入れ、薄力粉を軽くふって、まんべんなくまぶす。続いて、水を少しずつ加えながら混ぜて、衣が全体にうっすらとつくようにする。
2 フライパンに油を熱し、1を数回に分けて揚げる。かりっとしたら、キッチンペーパーの上に取り出して油を切る。
3 熱いうちに器に盛り、塩を軽くふる。

＊葉菜の根元には土が入り込んでいるので、丁寧に洗い流してから揚げること。衣は薄く、揚げる量は少なめに。ちょっと食べておいしいくらいにしておく。

◎味の決め手を作っておく

これをひとさじ足せば味が決まる、季節感が出る、というちょっとしたものを作っておこう。
少しアクセントをつけるだけで、シンプルな料理がぐっと個性的になるはず。

おろし塩しょうが

しょうがはかたい皮をむく。すりおろして、重量の2%の塩を混ぜる。日持ちは冷蔵約1週間。面倒な作業もまとめてやっておけば、きりっとしたしょうが風味をすぐ作れる。煮込みにもよし、仕上げにちょんとのせるといい香り。下のゴーヤー同様、食欲の素。

[使い道]焼いた肉・魚／湯豆腐／冷や奴／炒飯／麺類／カレー／味噌汁／＋ごま油でたれ／豆乳

おろし塩ゴーヤー

ゴーヤーの緑色の部分をすりおろし、重量の2%の塩を混ぜる。日持ちは冷蔵約1週間。ほんの少量で効果抜群！　何の効果かって？　料理に鮮やかな色合いを足し、苦みで味に個性を出し、苦い苦いといいながら食欲が出てしまう効果です。

[使い道]味噌汁／温かいご飯／納豆／＋大根おろしでゆで肉や焼き魚／焼き油揚げ／野菜や肉の炒めもの／炒飯／カレー

塩ゆず

ゆずを縦4等分に切り、へたと種を取り、果汁を搾る。端からごく薄くきざみ、果汁も一緒に瓶に入れ、重量の2%の塩を混ぜる。日持ちは冷蔵約1週間（冷凍可）。このやり方を試すと、皮か果汁だけ使っていたのを後悔するかも。ゆずを無駄なく味わえます。

[使い道]いか、ほたて貝、白身魚などの刺身／味噌汁／風呂吹き大根／和えもの／酢のもの／湯豆腐

すっきり椎茸ぽん酢

薄切り干し椎茸10g、昆布5cm四方1枚、赤唐辛子1本を瓶に入れ、しょうゆと黒酢を150mlずつ加える。日持ちは冷蔵約3週間。いろんな素材の味が出るから、手抜きぽん酢じゃありませんよ。椎茸をそのまま食べてもおいしいから、使い道いろいろ。

[使い道]麺類／青菜の和えもの／鍋料理のたれ／炒めもの／混ぜご飯／煮もの／おひたし／浅漬け

ごま味噌油

味噌60gに煎り白ごま小さじ2を加え、太白ごま油を倍量注ぎ入れて混ぜる。唐辛子やゆずこしょうで辛みを足してもいい。日持ちは冷蔵約4週間。酒飲みには常備をおすすめしたい。白味噌と太白ごま油を組み合わせると、甘みのある品のいい味が作れます。

[使い道]蒸し長いも／風呂吹き大根／生野菜／薄切り肉の炒めもの／あさりの酒蒸し／＋唐辛子で餃子のたれ

アンチョビオイル

アンチョビは油を切って細かくきざむ（50g）。きざんだパセリ1本分とくるみ3個分、皮と芯を取ったにんにく1／2片を加え、オリーブ油をたっぷり注ぐ。日持ちは冷蔵約3週間。一番のポイントは、くるみを加えること。香ばしさでおいしさ倍増なんです。

[使い道]焼き野菜／パスタ／サラダ／焼き魚／ポテトサラダ／とうもろこし／アスパラガス／そら豆／トマト

2

今日からご飯は鍋で炊く。
一膳のご飯を中心に献立をつくろう。

ご飯炊きは、毎日の料理の中心になること。まずご飯を炊いたら、次は汁もの、煮ものや焼きもの、お漬けもの、と野菜・肉・魚の献立を足していく。昔から食べてきた一汁一菜＋副菜を組み立てる練習です。時には、いろんな季節の素材を炊き込んだり、混ぜたりしながら、ご飯をまん中におく。作って食べて飽きない食事の形が生まれます。

とうもろこしご飯

生のとうもろこしを熱々ご飯でしゃきっと火を通し、
風味を閉じ込めたご飯。夏の定番にしよう！

材料　4〜5人分
とうもろこし　2本
ご飯　米2カップ分
塩　少量
ごま油　小さじ1

1 ご飯を鍋で炊き（☞P.34）、炊いている間にとうもろこしの下ごしらえをする。バットなど平らな容器の上にとうもろこしを立て、包丁で下に向かって実をそぎ落とす。
2 ご飯が炊けたら蓋を開け、とうもろこしを表面に散らし、塩とごま油をふる。しゃもじで底からご飯を返して、とうもろこしを隠す。蓋をして8〜10分蒸らす。
3 ざっと混ぜ、お茶碗によそう。

＊ごま油を入れると、お米の表面がコートされてぱらっとする。入れないとシンプルな炊き込みご飯に。和風の献立にも、カレーにもよく合います。

スパイス炊きおこわ

五香粉をひとさじ入れると、あっという間に中国風。
具はうんとシンプルに、たけのこだけでもおいしい。

材料　4〜5人分
米　1カップ
もち米　1カップ
ゆでたけのこ　1／2本
干し椎茸　2個
鶏もも肉の塩煮（☞P.63）
　1／2枚分
炒り大豆　80g
ごま油　小さじ2
五香粉　小さじ1
塩　少量
しょうゆ　小さじ2
金ごま　小さじ2
赤唐辛子粉　適量

1 米ともち米を合わせて軽く研ぎ、ざるにあげて15分ほどおく。たけのこは厚めのいちょう切りにする。干し椎茸はぬるま湯でもどし（汁はとりおく）、軸を切り落とし、薄切りにする。
2 米を鍋に入れ、水に椎茸のもどし汁を足して米の1割増しに水加減する。五香粉をふり入れ、塩としょうゆを加え、軽く混ぜる。たけのこ、椎茸、鶏肉、煎り大豆をのせ、ごま油をまわしかける。蓋をして中火にかける。
3 煮立ってきたら弱火にし、15分ほど炊く。いったん蓋を開け、ご飯を食べてみてかたさを確かめる。まだかためなら、再び蓋をしてさらに4〜5分炊く。おこげを作りたければ、最後に30秒ほど火を強めて水気を飛ばす。
4 全体をざっと混ぜて金ごまを散らし、蓋をして10分ほど蒸らす。お茶碗によそい、好みで赤唐辛子粉をふる。

あさりとじゃがいもの炊き込みご飯

さっぱりしたパエリアという感じの炊き込みご飯。あさりとオリーブのだしが決め手。レモンで仕上げます。

材料　4～5人分
米　2カップ
あさり　約300g
じゃがいも（メークイン）　2個
玉ねぎ　1／3個
にんにく（皮付き）　1片
グリーンオリーブ　15個
ローリエ　2枚
白ワイン　50ml
オリーブ油　大さじ2
塩　少量
パセリの葉　3本分
レモン　1／2個

1 米はごく軽く研ぎ、ざるにあげておく。あさりは塩水に浸けて砂抜きする。じゃがいもは皮をむいて4等分に切り、厚めにスライスして軽く水にさらす。玉ねぎは2～3cm角に切る。
2 米を鍋に入れ、白ワインに水を足して米の1割増しに水加減する。じゃがいも、玉ねぎ、にんにく、オリーブ、ローリエをのせ、塩をふり、オリーブ油の半量をまわしかける。蓋をして中火にかける。
3 煮立ってきたら弱火にして、15分ほど炊く。蓋を開けてあさりを加え、残りのオリーブ油をまわしかけて、再び蓋をしてあさりの殻が開くまで5～6分炊く。おこげが作りたければ、最後に強火で30秒ほど水気を飛ばす。しっとり仕上げるなら、強火にせずに火を止める。
4 パセリを粗みじんにきざんで加え、ざっと混ぜ、蓋をして7～8分蒸らす。器に盛り、くし形に切ったレモンを添えて、搾って食べる。

＊あさりに鶏肉、えび、パプリカなどを加えて、サフランの香りをつけたのが、スペインのパエリア。お米を炒めずに、油も控えめ、味つけをシンプルにすると、こんな優しげな洋風炊き込みご飯になる。

豆腐としょうがの炒りそぼろ

ちりめんじゃこの味噌炒め

春菊ひじき

豆腐としょうがの炒りそぼろ

ご飯の友から酒の肴、お弁当まで使えるそぼろ豆腐。野菜のおひたしにのせたり、麺類のトッピングにも。

材料
木綿豆腐　1丁(300g)
しょうが(すりおろし)
　小さじ1
黒ごま　大さじ2
塩　少量
薄口しょうゆ　大さじ1
赤唐辛子粉　1つまみ
太白ごま油　大さじ1
ご飯　適量

＊豆腐の水切りが不十分だと、炒めてもなかなか水分が飛ばない。最初のひと手間で、あとの料理が楽になるものです。

1 豆腐はキッチンペーパーに包み、水を張ったバットなどを重石としてのせて、30分ほど水切りする。
2 フライパンにごま油を温め、豆腐を入れて軽く塩をふり、木べらでくずしながら炒めていく。途中でおろししょうがを加え、豆腐がそぼろ状になったら黒ごまを加える。ごまがしっかりなじんだら、しょうゆをまわしかけ、赤唐辛子粉をふって、手早く混ぜる。
3 温かいご飯にのせる。

ちりめんじゃこの味噌炒め

ちりめんじゃこに、味噌、麹、ゆずこしょうを混ぜたふりかけ。大根おろしにも、塩もみ野菜にも合う。

材料
ちりめんじゃこ　100g
味噌　小さじ2
麹漬けの素(☞P.60)　小さじ2
ゆずこしょう　小さじ1／4
しょうが(すりおろし)
　小さじ2
ごま油　小さじ1
ご飯　適量

＊市販の塩麹を使う場合は塩気が強いので要注意。ほんの少し混ぜて味を見て加減する。

1 味噌、麹漬けの素、ゆずこしょうを混ぜ合わせる。
2 フライパンにごま油を温め、中火でちりめんじゃこを炒める。油が全体にまわったら1を加え、火を少し弱めて絶えず混ぜながら、焦がさないように気長に炒める。塊が多少残っていても、さらっとしてきたらしょうがを加え、ざっと混ぜる程度に炒めてでき上がり。
3 温かいご飯にのせたり、豆腐にのせて酒の肴に。

春菊ひじき

炒めた春菊のしっとりした食感と、わずかな苦みがご飯とよくなじみます。たっぷりとご飯にのせて。

材料
春菊　1把
ひじき　乾物15g
ごま油　小さじ2
薄口しょうゆ　大さじ1
塩　少量
赤唐辛子粉　少量
ご飯　適量

＊しょうゆは、好みで濃口やたまりじょうゆを使ってもいい。いずれにしても量に注意して、塩辛くなりすぎないようにする。

1 ひじきはぬるま湯でもどして、しっかり水気を切る。長ければ短く切る。春菊は半分に切って茎と葉に分け、それぞれ細かくきざむ。
2 フライパンにごま油を温め、ひじきにごく軽く塩をふって炒める。油がまわったら春菊を加え、ごく軽く塩をふり、水気を飛ばしながら中火で炒める。しんなりしたら、しょうゆをまわしかけ、手早く炒め合わせる。仕上げに赤唐辛子粉をふる。
3 温かいご飯にたっぷりのせる。混ぜ込んで、おむすびにしてもいい。

鍋でご飯を炊く

思えば、なんと適当にご飯を炊いてきたことか。行平鍋に別のお鍋の蓋をしたり。それでもそこそこおいしく炊けていたのは、なんだかかたいと思ったら水を足し、心配ならちょっとのぞいてみたりして、後半は必ず弱火にして仕上げ間際に様子を見るようにしていたからかもしれません。今は、沸騰後の弱火の時間が長くなりました。それはちょっとした安全策で、火が通るまではおこげを作らずに時間をかけて炊く、というイメージ。少々慎重に炊いています。ご飯は基本だから、自分の好きな炊き方を見つけてほしい。お鍋でご飯を炊くことに慣れてくると、ご飯を炊く時間が料理の時間の基本になっていくと思います。

◎どんなお米を炊く？

好きなお米を炊くのが一番。ぬかの部分を削らずに残したのが玄米、5割削ると5分づき、7割削ると7分づき、ほとんど削って白くなったのが白米。胚芽米は、ぬかはそれほど残っていませんが、胚芽は残っています。ぬかや胚芽のあるなしで、風味や口当たり、栄養分が変わります。

◎お米と水の量り方

計量用のカップは、1合（約180ml）か1カップ（200ml）で。2合でお茶碗4膳分くらい。どれだけ炊くかは、日頃自分が食べている量から決めてもいいし、お鍋の大きさから決めてもいい。

◎どんなお鍋で炊く？

なるべく厚手の鍋を使います。土鍋、ステンレス、アルミ、鉄など、素材によって炊き上がりは微妙に変わります。保温力のある土鍋は、温まるのに時間がかかるので炊き時間が長くなるけれど、少しずつ冷めるので、炊きたてでなくてもおいしい。鉄鍋も温まるのに少し時間が必要。ステンレスやアルミ鍋は、炊き時間が少し短めです。

1〜1.5合くらいと少ない量を炊きたい時は、直径14cmほどの小鍋でもおいしく炊けます。小さめでも厚手なら、少量のご飯炊きにはかえってむいているように思います。

ご飯の炊き方

材料
白米　2合または2カップ
水　米の1.2倍
（新米ならほぼ同量）

＊水を量りまちがえたり、水分の少ないお米だった時は、炊き上がる前に水を足し、弱火でそろそろと炊き上げるとなんとかなります。食べきれないぶんは、小分けにして冷凍。

1 米を鍋かボウルに入れ、水を注いで手で軽く混ぜて、すぐに水を捨てる（a）。
2 指先で米を軽く混ぜる。「研ぐ」というほど力を入れず、混ぜる程度（b）。水を注ぐ→軽く混ぜる→水を捨てるを3～4回くり返す。回数が少ないとぬかの香りがより残る。
3 米をざるにあげ、15分ほどおく（c）。
4 米を鍋に入れ、1.2倍の水加減をする（d）。新米なら、ほぼ同量。
5 蓋をして中火にかける。煮立ってきたら弱火にし、15分ほど炊く（3合以上なら約20分）。
6 蓋を開けて確かめる（e）。ぷつぷつと穴があいて、米につやが出ていたら、蓋をして強火で約20秒水気を飛ばし、火を止める。
7 しゃもじでざっと混ぜ、再び蓋をして7～8分蒸らす。炊きたての水気の多いご飯もおいしい。

◎玄米の炊き方

　ボウルか金ざるに玄米を入れ、流水をかけてすぐ水気を切る。強めにごしごしと研ぎ、流水で洗って鍋に入れる。1.4倍の水加減をし、8時間ほど浸水させてから炊く。表面に傷がつくようにしっかり研いで浸水させれば、炊き方は白米とほぼ同じ。よく蒸らすと、よりおいしく食べられる。

＊玄米は土鍋で炊くのが、お米らしい味がしておいしいと思う。炊飯器、圧力鍋など、それぞれ炊き上がりがちがうので、好みで選ぶといい。

◎雑穀ご飯も炊いてみよう

　きび、粟、麦などの雑穀、黒米などを混ぜて雑穀ご飯を炊く時も、要領は白米と同じ。ただし、炊き時間は長めに。時間をかけたほうが断然おいしい。とくに、麦は時間をかけるとふっくらとして、多めに混ぜたほうがおいしいくらい。

◎ 一汁二菜定食——その1

酸っぱいしょうが焼き定食

ご飯と汁もの、浅漬けを作り置きしておけば、あとはお酢を加えたしょうが焼きを作るだけ。汁ものは、42・43ページのように野菜を煮て保存しておくと、気楽に定食を組める。自分にとって大事な保存食を押さえておこう。

◎一汁二菜定食——その2

里いも定食

姿形とよく粘るキャラクターが特徴の里いも。やわらか〜く煮込むのも、意外な姿（P.26）も気に入っているけれど、こんがり仕上げも鶏そぼろによく合って、なかなかいい。

◎一汁二菜定食――その1

汁もの：和風ミネストローネ（☞P.43）
ご飯：麦入りご飯

酸っぱいしょうが焼き

材料　4人分
豚肩ロース薄切り肉
（しょうが焼き用）　350g
小松菜　2把
しょうが（すりおろし）
小さじ2
米酢　大さじ1
黒酢　大さじ1
太白ごま油　小さじ2
塩　少量

1 豚肉は重量の3％くらいの塩をふって20分ほどおき、水分が出たらしっかり拭き取り、半分の長さに切る。小松菜は根元を落として4cmくらいに切り揃える。しょうがと酢2種類は、混ぜ合わせておく。
2 フライパンに太白ごま油の半量を温め、中火で豚肉を焼く。色が変わったら上下を返して軽く焼き、1のしょうが酢をまわしかけてからめる。汁気がなくなってきたら、豚肉を取り出す。
3 フライパンに残りの油を足し、小松菜の茎を入れて塩を軽くふり、蓋をして20秒くらい蒸し焼きにする。葉を加えてざっと混ぜる程度に軽く炒める。
4 器に小松菜を盛り、上に豚肉をのせ、フライパンに残った焼き汁をかける。

＊豚肉をたくさん食べたい時は、1人120gくらいまで増やしてボリュームアップしてもいい。肉の塩煮（☞P.63）を使って、もやしを加えて野菜炒め風にしてもいい。

きゅうりの浅漬け

材料　4人分
きゅうり　小2〜3本
すっきり椎茸ぽん酢（☞P.28）
大さじ3
塩　少量

1 きゅうりは両端を切り落とし、ところどころ皮をむき、食べやすい大きさに斜めに切る。ボウルに入れ、塩をふって和え、しばらくおいて水気が出てきたら洗い流し、水気を絞る。
2 きゅうりを保存用ポリ袋や容器に入れ、すっきり椎茸ぽん酢を椎茸ごと加える。軽くもんで、冷蔵庫に入れて30分以上漬ける。

＊きゅうりの切り方で浅漬けの印象が変わる。薄めに切るなら、ぽん酢でさっと和えるだけでもいい。1本丸ごと、あるいは半分程度の大きさで作るなら、半日は漬けたい。

◎一汁二菜定食——その2

ご飯：雑穀ご飯（白米に黒米、きび、押し麦、粟、稗などを混ぜたもの）

里いも鶏そぼろ煮

材料　4人分
里いも　大8個～小10個
鶏挽き肉　300g
黒ごま　大さじ1強
赤唐辛子粉　小さじ1／4
塩　少量
しょうゆ　大さじ2
太白ごま油　大さじ1

1 里いもはたわしでこすって洗う。たっぷりの水を張った鍋に入れ、中火で10～15分ほど、竹串がすっと通るまでゆでる。皮をむき、大きければ半分に切る。
2 里いもの粗熱を取る間にそぼろを作る。小ぶりなフライパンに油の約1／3量を温め、鶏挽き肉に塩を軽くふって炒める。脂が出て、しっかり火が通ったら、黒ごまと赤唐辛子粉を加える。仕上げにしょうゆを加えてからめ、香ばしい香りがしてきたら火を止める。
3 大きめのフライパンに残りの油を温め、里いもを並べ入れ、ごく軽く塩をふって強火で焼く。こんがりした焼き目をつけたいので、あまり動かさずにじっくりと焼く。
4 里いもを盛り、そぼろを温め直してのせる。

油揚げとねぎの味噌汁

材料　4人分
長ねぎ　1本
油揚げ　2／3枚
味噌（好みの2種類を合わせる）
　大さじ2～3
水またはだし汁　約700ml

1 長ねぎは白い部分の2／3くらいを斜めに切る。角度はあまりつけず、回しながら切って、切り口の角度を両側で変えると変化がつく。残りは斜めにごく薄く切ってほぐす。油揚げは、細めの短冊切りにする。
2 鍋に水、またはかつお節でひいただし汁を約700ml入れ、中火にかける。煮立ってきたら、ねぎの大きいほうを入れ、2分たったら薄切りねぎと油揚げを加え、軽く煮る。
3 味噌は好みのものを2種類混ぜ合わせ、煮上がりに溶き入れる。

＊お味噌汁は野菜の切り方を工夫してみると、ずいぶんと新鮮に感じるもの。お味噌は漉して入れるのがお約束だけど、お椀の中に粒が残っているのが好きなくらい味噌好きなんです。

花切り大根のぱりぱり

材料　4人分
花切り大根　乾物30g
すし酢または米酢　大さじ1
塩　少量
しょうがの塩漬け（☞P.86）
　適量

1 花切り大根はたっぷりの水でしんなりするまで十分にもどす。時間がなければ、ぬるま湯でもどす。ぎゅっと絞って水気を切り、ボウルに入れる。酢をかけ、しょうがの塩漬けを好みの量だけ加え、手でもんで合わせる。
2 10分ほどおいて味をなじませる。味を見て足りなければ、塩少々を少量の水で溶かして加える。

＊水気が少ないところに塩を足す時は、ひとつまみの塩を水に溶いて加えると、塩気がなじみやすい。酢の種類や量の加減はお好みで。

鮭の麹焼き定食

塩鮭は甘塩、中辛、大辛などあるけれど、辛くなると後戻りできないので、生鮭に自分で薄めに塩をするのが安心。ここでは麹漬けの素をちょいとのせて、複雑な塩気と甘みを加えます。

◎一汁二菜定食——その3

ご飯：玄米ご飯に煎り白ごまをぱらり

鮭ときのこの麹焼き

材料　4人分
鮭の塩漬け（☞P.64・切り身）
　4切れ
麹漬けの素（☞P.60）
　小さじ1～2
まい茸　1パック
しめじ　1パック
太白ごま油　大さじ1
塩　少量

1 鮭の塩漬けは水気を拭き取り、半分に切る。まい茸としめじは細かくほぐす。
2 フライパンに油の1／3量をひいて温め、鮭を並べ入れて中火で焼く。焼き目がついたら上下を返し、蓋をして火を少し弱めて2～3分蒸し焼きにする。
3 鮭の上に麹漬けの素を少量ずつのせ、軽くのばし、上下を返して麹の面を下にする。焦がさない程度に軽く焼き、器に盛る。
4 3のフライパンに残りの油を入れ、きのこを強火で炒める。塩を軽くふって手早く炒め、鮭に盛り合わせる。

＊市販の塩麹を使う場合は、ほんの少量だけのせるようにして、香りづけのつもりで使うといい。きのこはフライパンに残った麹の風味をつけてさっと炒める、といった感じで。

あおさと豆腐の味噌汁

材料　4人分
絹ごし豆腐　小1丁
あおさ（乾物）　適量
かつお節　適量
味噌（好みの2種類を合わせる）
　大さじ2～3
水　約700ml

1 豆腐は軽く水気を切り、大きめの角切りにする。お椀に、あおさとかつお節をひとつまみずつ入れておく。
2 鍋に水を700mlほど入れて沸かす。豆腐を入れ、火を弱めて軽く煮る。火を止めて味噌を溶き入れ、1のお椀によそい、好みでかつお節を足す。

＊お味噌汁のだしは、意外に省いても作れるもの。お椀にかつお節とあおさを入れれば、それだけでかつおの香り、磯の香りがいっぱい。だから、わたしはだしの味が食べたい！と思う時だけ、しっかりとだしをとることにしています。お味噌は、甘辛2種類の合わせ味噌にするのがおすすめ。

長いものピクルス

材料
長いも　適量
いろいろ野菜のピクルス
　（☞P.65）　適量
塩　少量

1 長いもは皮をむいて、薄めの角切りにする。ボウルに入れて塩をふり、さっと和えておく。
2 いろいろ野菜のピクルスを1に汁ごと加えて混ぜ、しばらくおいて味をなじませる。

＊長いもを単独でピクルスにしてもいい。粘りが特徴なので、加熱せずに塩だけふって、ピクルス液に漬ける。

蒸し煮を基本の野菜料理にする

毎日決まって食べる野菜料理があると、それが特に朝だったりすると、1日安心という気分になるものです。野菜を毎日食べようと思っている人にすすめたいのが、水を少しだけ加えて蓋をして煮る"蒸し煮"。火は通っているけれど、歯ごたえが残っていて、味もくっきり。

基本の蒸し煮

蒸し煮野菜

晩ご飯では主菜の付け合わせに、残りはトマトを足してスープにして朝ご飯に。だから多めに2食分くらい作っておこう。

材料　2人×2食分
にんじん（2〜3mmの薄切り）　小1本
しめじ（ほぐす）　1パック
じゃがいも（3〜4mmの輪切り）　2個
キャベツ（ざく切り）　1／4個
ズッキーニ（3〜4mmの輪切り）　小1本
塩、オリーブ油またはごま油　各少量

＊野菜は上記のほかに、アスパラガスやパプリカなど、好みのものを自由に取り合わせる。

1 鍋に水150mlを入れて中火にかける。煮立ってきたら、以下の順番に野菜を入れて、蓋をして蒸し煮にする。材料を入れるたびに塩を少量ふる。にんじん＋しめじ→2分→じゃがいも→2分→キャベツ→2分→ズッキーニ→2分→煮上がり。

2 器に盛り、オリーブ油やごま油をまわしかける。

蒸し煮の展開

蒸し煮野菜＋トマトのスープ

蒸し煮野菜にトマトをのせ、水を足してスープに。トマトはだしになるから、ぐっと味がしまっておいしくなる。

材料　2人分
蒸し煮野菜　P.42の仕上がりの半量
トマト　中2個
塩、オリーブ油　各少量
エルブ・ド・プロヴァンス　1つまみ

※蒸し煮野菜はここでは、ズッキーニの代わりにアスパラガスを使っています。さやいんげん、そら豆なども合う。

1 鍋に蒸し煮野菜を入れ、半分に切ったトマトをのせる。
2 塩とオリーブ油をふり、エルブ・ド・プロヴァンスを加え、水を8分目まで注ぎ入れ、蓋をしてトマトがやわらかくなるまで煮る。

＊ベーコンをひと切れでも入れるとこくが出るので、しっかり食べたい時は動物性の食材を足してみよう。

蒸し煮の応用

和風ミネストローネ

イタリアでおなじみの野菜スープ、ミネストローネは、日本の郷土料理でいえば、けんちん汁。野菜のだしですっきりした味に作ろう。

材料　4人分
ごぼう（薄切りにして水にさらす）　細2本
大根（8mmのいちょう切り）　約4cm
にんじん（5mmの半月切り）　小1本
まい茸（ほぐす）　1／2パック
さつまいも（8mmのいちょう切り）　中1／2本
長ねぎ（1cmの小口切り）　1本
塩　少量
赤味噌　約大さじ2
おろし塩しょうが（☞P.28）　少量

1 鍋に水200mlを入れて中火にかけ、以下の順に野菜を入れて、蓋をして蒸し煮にする。材料を入れるたびに、塩を少量ふる。ごぼう→10分→大根＋にんじん＋まい茸→5～6分→さつまいも→3分→長ねぎ→2分。（これを冷凍ストックしておくと、使い回しできて便利）
2 1にひたひたに水を注いで火にかけ、煮立ったら火を止める。味噌を溶き入れ、おろし塩しょうがを加える。

＊しょうがの代わりにゆずこしょうで辛みを足すと、大分のだご汁風。さわやかな辛みでおいしい。

玉ねぎを切る楽しみ

私が料理の何にこだわりがあるかといえば、野菜の切り方かな。どう切っても同じと思いきや、見た目から味まで左右するからおもしろい。なかでも玉ねぎのスライスは、においが強いし、目にしみたり、つるっとすべったりして扱いにストレスがあるから、快適にスムーズに、そしてきれいな仕上がりにもっていきたいもの。

ここに紹介する方法は、65ページの酢もみ玉ねぎの下ごしらえに欠かせない作業で、ほかにもさまざまに活用できます。これはもう、一生やり続けるだろうと思う定番の下ごしらえです。

◎玉ねぎの薄切り

1 皮をむく：くし形に4等分に切り、皮を下にして置く。根側に包丁を入れ(a)、刃で皮を押さえて、もう一方の手で実を皮からはがす(b)。頭の茶色いところも切り落とす。

2 実の内側1／3〜1／4くらいを外す(c：これは65ページのいろいろ野菜のピクルスに使うといい)。

3 残った実の外側の真ん中に、繊維にそって切り込みを入れる(d)。これは長さを均一にするため。だらーっと長い玉ねぎは扱いにくいし、あんまりきれいじゃないから。

4 端から薄切りにする(e)。またはスライサーでさくさくとおろす(f：へこんだ部分に親指をあてると安定感抜群。指までおろさないよう手前でやめて、残りはピクルスに)。

a

b

c

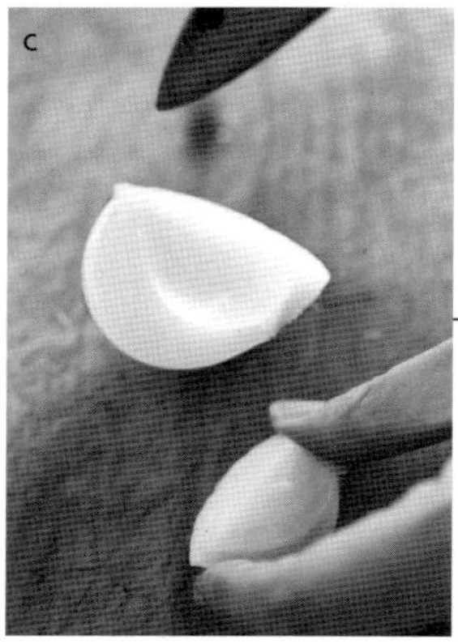

d

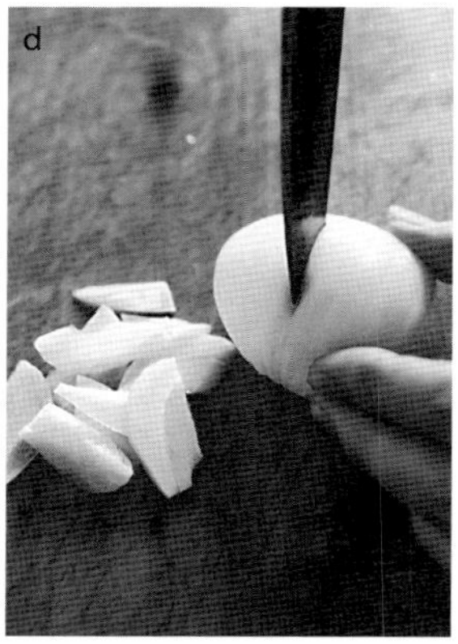

e

f

3

作る自分も食べる皆も、楽しくおいしい。盛り上がる！一品。

ご飯も炊くし、酒の肴も作る。作り置きにもずいぶん慣れてきた。次は、誰かをもてなそう。盛り上がる秘訣は単純。たったひとつの素材を思い切ってたくさん焼いたり、いろんな野菜を仕込んで豪快に混ぜたり、鍋料理にはちょっとしたルールを作る。見たことのない風景と味とで、皆をよろこばせよう。作る人も楽しめることが、何よりのご馳走なのだ。

食べると思わず脱力しそうなくらいの、意外なやわらかさとこくに驚くはず。じっくり焼く野菜焼きの世界にようこそ。

で
味わいに。

んにはオリーブ
太白ごま油を大
け、オーブンに
く。
切り、オリーブ
フライパンで塩
が出て煮くずれ
く。
さつまいもを盛
わせてアンチョ

材料　4～8人分
にんじん　小8～10本
さつまいも　細6～7本
トマト　5～6個
塩　少量
オリーブ油　適量
太白ごま油　大さじ2
アンチョビオイル（☞P.28）
　適量

＊にんじんとさつまいもは、食べた時に芯が残らないよう十分にゆでて、オーブンでも水分が飛んで表面に細かいしわがよるくらいまでじっくりと焼く。油はお好みで。両方ともオリーブ油でもいい。

カリフラワーのグラタン

カリフラワーにクリームとチーズをかけて焼いただけ。焦げ目をつけるのがグラタン、と思えば気楽な料理。

材料　4〜8人分
カリフラワー　大1株
ブルーチーズ*　100g
グリュイエールチーズ　150g
生クリーム　200ml
オリーブ油　大さじ2
塩　少量

＊ブルーチーズは、例えばロックフォールやブルー・ドーヴェルニュなど。もしブルーチーズがなければ、入手できるチーズをたっぷり使うといい。

1 カリフラワーは下の写真の要領で切り分ける。
2 鍋にカリフラワーが半分浸かる量の湯を沸かし、カリフラワーをゆでる。やわらかくなったら、引き上げて水気を切る。
3 オーブンを230℃に予熱しておく。耐熱皿に2のカリフラワーを並べ、塩を軽くふり、ブルーチーズを細かくちぎってところどころにのせる。グリュイエールチーズを全体に削りかけ、生クリームをまわしかける。オーブンに入れて、焦げ目がつくまで20〜30分焼く。

＊グラタンの決め手はオーブンの温度を高めにして、こんがりと焼き色をつけること。チーズはエメンタールやミックスしたシュレッドチーズでもいい。ブルー系を組み合わせると大人の味に。

◎カリフラワーの切り方

茎の根元に包丁を入れて葉を外す。内側のやわらかな葉は使う。

中央の太い茎を切って、厚めに皮をむき、輪切りにする。この部分も使う。

茎側から包丁を入れて、房に切り分ける。ここでは少し大きめに分けよう。

太い茎も、やわらかな葉も、それぞれ持ち味があっておいしい。

グレープフルーツをぎゅっと搾る
と湯気が立ちこめて、焼いている
あなたも爽やかな香りに包まれる。

シトラスチキンソテー

仕上げにぎゅっとグレープフルーツを搾ってからめたら、酸味がきいたチキン照り焼きに。

材料　4人分
鶏胸肉の塩漬け（☞P.63）
　大2枚
グレープフルーツ　1／2個
ブロッコリー　1株
にんにく（皮付き）　1片
塩、こしょう　各少量
オリーブ油　適量

1 鶏胸肉の塩漬けは水気をよく拭き取り、1枚を3〜4等分に切る。ブロッコリーは太い茎を切り落とし、小房に分ける。太い茎は厚く皮をむいて、輪切りにする。

2 鍋にオリーブ油を小さじ1ほどひき、にんにくを皮付きのまま入れて弱火にかける。香りが出てきたら、ブロッコリーを加えて軽く塩をふり、ざっと混ぜてから水100mlを加える。蓋をして弱火で4〜5分蒸し煮にし、蓋を開けて水分を飛ばしながら、すっかりやわらかくなるまで火を通す。

3 フライパンにオリーブ油大さじ2を温める。鶏肉の皮目を下にして並べ入れ、中火で皮側にこんがりと焼き目をつける。いい色がついてきたら上下を返し、火を弱めて蓋をし、4〜5分蒸し焼きにする。蓋を取ってグレープフルーツを搾り入れ、中火で果汁を煮詰めつつ肉にからめる。焼き汁にとろみがついたら完成。2のブロッコリーを温めて盛り合わせる。

＊仕上げにレモンをかけるのもよくやるけれど、グレープフルーツにひらめいた。照り焼き風だが味は洋っぽく、煮詰まった甘さと酸味、最後に感じる苦み、と意外に複雑です。やわらかいブロッコリーとぜひ一緒に。

たこのスモーク風味

ざるとアルミ箔、香辛料で、香りのいい燻製のでき上がり。そぎ切りにして、おいしそうに盛りつけよう。

材料　4人分
ゆでだこの足　2本
紅茶葉　ティーバッグ2袋分
黒糖または三温糖　小さじ2
塩　少量
クローブ　10本
ローリエ（乾燥）　2枚

混ぜて仕上げるご馳走サラダ

葉っぱにいんげん、サラミに松の実。いろいろ合わせるとサラダが変わる。決め手は細切り揚げじゃがいも。

材料　4〜8人分

サニーレタス　4〜5枚
クレソン　1把
ルッコラ　1把
さやいんげん　1パック
セロリ　1本
ブロッコリースプラウト　1パック
松の実　大さじ2
じゃがいも（メークイン）　2個
サラミ（ごく薄いスライス）　20枚
オリーブ油　大さじ1強
赤ワインビネガー　大さじ1
すし酢　小さじ1
カマンベールチーズ　1個
塩、こしょう　各少量
揚げ油　適量

1 葉菜は水に7〜8分浸けてぱりっとさせ、しっかり水気を切る。サニーレタスは小さくちぎり、クレソンは葉を摘み、茎は2cmに切る。ルッコラは食べやすくちぎる。

2 さやいんげんは両端を切り落として半分の長さに切り、塩を加えてゆでる。セロリは筋を取って斜め薄切りに。スプラウトは流水にさらして種を取る。松の実はフライパンでから煎りする。

3 じゃがいもは皮をむいてせん切りにする（スライサーで薄くおろし、重ねて端から切る）。水にさらし、キッチンペーパーでしっかり水気を取る。

4 フライパンに1〜1.5cmの深さに油を熱し、じゃがいもを1本入れてみる。すぐに細かな泡が立ったら、揚げ始めのサイン。じゃがいもを1／3量ずつ揚げる。茶色くなり、かりっとしたら、キッチンペーパーの上に取り出して油を切る。

5 大きなボウルに1の葉菜を入れ、オリーブ油の半量をまわしかけ、手早くしっかり全体を混ぜる。次にさやいんげん、セロリ、スプラウト、サラミを加え、残りのオリーブ油をかけて同様に混ぜる。最後に4のじゃがいも、松の実を加え、塩、こしょうをふってざっと混ぜてから、2種の酢を合わせてかけ、手早く混ぜて味をなじませる。

6 器に盛り、切り分けたカマンベールチーズを添える。

＊かりかりした揚げじゃがいもの食感が、このサラダの味の決め手。楊枝みたいに細く切ろう。

下ごしらえがサラダ作りのほとんどと言っていい。パーツを準備して、最後に全部合わせるというわけ。パーツが多ければ多いほど、複雑でボリュームのあるサラダになる。いろんな野菜、木の実、ハムなどでオリジナルを。

どの具材も火が通りやすいように下ごしらえしておくのが小鍋のルール。

すっきり小鍋料理

これからの鍋料理は、一回食べ切りの量をおかわりして、すっきり快適に。最後に闇鍋にならないように！

材料　4人分

あさり（殻付き）　約300g	大根　4〜5cm
牡蠣　8個	黒酢　大さじ5
豚肩ロース薄切り肉　250g	薄口しょうゆ　大さじ5
長ねぎ　2本	赤唐辛子粉　小さじ1
もやし　1パック	煎り白ごま　小さじ1
水菜　2〜3株	昆布　10cm四方×2枚
油揚げ　2枚	塩　適量

1 容器に水約2.5ℓを入れ、昆布を浸してだしをとる。

2 あさりは塩水に浸けて砂抜きする。牡蠣は流水で洗ってぬめりを取り、湯通しする。豚薄切り肉は2〜3等分に切り、沸騰した湯に数枚ずつ入れて色が変わる程度にゆで、水気を切る。長ねぎは斜め薄切りにしてほぐしておく。もやしは沸騰した湯に入れて、ひと煮立ちする程度にゆで、水気を切る。水菜は4〜5cmに切る。油揚げはフライパンで焼き目をつけ、6〜8等分の短冊切りにする。それぞれをボウルやバットに入れておく。

3 1のだしの一部を鍋に入れて温め、残りも温めて待機させる。大根はおろす。黒酢としょうゆを合わせてたれをつくる。赤唐辛子粉とごまを合わせておく。

4 鍋を火にかけてだしを軽く煮立て、具材を入れる。一回に入れる量は少なめに。まず、もやしを入れ、豚肉、牡蠣、油揚げを加え、水菜をのせて、ねぎを全体にこんもりとのせ、あさりを散らし入れて蓋をする。

5 あさりの殻が開いたら器に取り分け、大根おろしをのせ、唐辛子ごまとたれをかけて食べる。具材を食べ終わったら、また4をくり返す。

食べ進んだら、麦入りご飯に味の出たスープをたっぷりはって、具を少しのせるとおいしい仕上げになる。

ぜひ小さなお鍋で試してほしい。一回取り分けると鍋に具材が残らない食べ方をすると、煮えすぎた野菜などもなく、最後まですっきりとおいしく食べられる。

エスニック風混ぜご飯

ベトナムの混ぜご飯のアレンジ版。きれいに並べた後、
全部混ぜてしまう、渾然一体のおいしさをぜひ。

材料　4人分
米（白米4：黒米1）　1.5カップ
豚肩ロース塊肉の塩漬け
（☞P.63）　300g
にんにく（皮付き）　1片
グレープシード油　小さじ2
れんこん　4〜5cm
大根　3cm
たけのこ（水煮）　小1本
ゴーヤー　1／2本
香菜（粗みじん切り）　3株
細ねぎ（粗みじん切り）　6本
青じそ（粗みじん切り）
5〜6枚
ミントの葉（粗みじん切り）
4〜5本分
クレソンの葉（粗みじん切り）
1把
黒酢　大さじ1
しょうゆ　小さじ1
ニョクマム
小さじ1＋大さじ1
米酢　大さじ3
煎り白ごま　適量
塩、こしょう　各少量
赤唐辛子粉　少量
おろし塩しょうが
（☞P.28）　少量
レモン、ライム、すだちなどの
柑橘類　適量

1 白米と黒米を合わせて、普通のご飯と同じ手順で炊き上げる。

2 豚塊肉の塩漬けは、水気を拭き取り、食べやすく薄めに切り分ける。薄さが揃わなくても大丈夫。ばらつきがあったほうが変化が出ておいしい。

3 フライパンにグレープシード油をひき、にんにくを皮付きのまま焼く。焦げ目がついてきたら取り出し、豚肉を並べ入れる。動かさないでじっくりと焼き目をつけ、上下を返して、黒酢としょうゆ、ニョクマム小さじ1をふりかけてからめ、香ばしい匂いがしてきたら火を止める。

4 れんこんは皮をむき、ごく薄いいちょう切りに、大根はせん切り、たけのこは食べやすい大きさにスライスする。ゴーヤーは半割りにして種とわたを取り、薄切りにして軽く塩をふってざっと混ぜ、水気が出てきたら軽くもみ、流水にさっと浸け、水気を切る。大根も同じ要領で塩もみする。れんこんは3分ほどゆで、水気を切って軽く塩をふり、粗熱を取る。

5 1のご飯を小ボウルなどに詰め、逆さにして大鉢の中央にあける。そのまわりに、3、4、粗みじん切りにしたハーブ類を賑やかに盛りつける。

6 ニョクマム大さじ1に倍量の水、米酢を混ぜてたれを作り、ご飯に1／3量ほどかける。ごま、こしょうや赤唐辛子粉、おろし塩しょうがを好みでかけ、全体を混ぜて、柑橘類を搾って食べる。

ビビンバのようによく混ぜて、レモンやすだちを搾りかける。味が物足りなければ、ご飯にかけたたれを少し加えるといい。盛りつけはきれいに、丁寧に。

「麹漬けの素」作り

以前、青森で三五八（さごはち）という素晴らしくおいしいお漬けものに出会った。それは、麹で漬けたものでした。以来、わたしにとって麹に塩を加えて発酵させたものといえば、三五八の素であり、麹漬けの素。だから、流行りの「塩麹」という呼び方にどうもなじめず、「麹漬けの素」と呼んでいます。市販の塩麹はしょっぱすぎるので、塩少なめのレシピをご紹介。少ないぶん、日持ちは短くなるけれど、ほどほどの塩味だから、どんどん使えます。素材を和えたり漬けたり、ぬって焼いたり、普段の料理に少し加えてみてください。お味噌やゆずこしょうを混ぜて使うのも、おすすめです。

◎麹漬けの素の作り方

材料
米麹（生）　200g
塩　30g
水　350ml

＊甘めが好きな人はまず甘酒を作り（☞P.97）、塩を加えて冷蔵庫で熟成させるという方法もあり。

1 米麹の重量の15%の塩を水に溶かす。
2 米麹に塩水を加え、しっかり混ぜる。
3 蓋つきの密閉容器に入れ、常温で2週間以上発酵させる（夏期は半日常温、半日冷蔵をくり返すと安心）。
4 毎日1回、様子を見て混ぜる。米粒が半分くずれ、とろりとして、汁が白く濁ったらでき上がり。80℃くらいまで加熱しておくと日持ちする（80℃を上回らないよう注意）。

キャラメル麹：麹漬けの素をフライパンで軽く焼くと、キャラメルみたいに香ばしくなる。お酒のあてに、薄切りかぶにのせて、こしょうを挽いてもいい。

かぶの麹和え：麹漬けの素にゆずこしょうを少量混ぜて、かぶを和えるだけで一品でき上がり。

4

野菜・肉・魚で簡単に。
おかずの素は、
あなたの右腕。

おかずの素は、塩、酢、油を風味づけと保存料にして、野菜・肉・魚を軽く加工する便利もの。面倒になりがちな料理を手助けするアイデアです。あなたが仕事をしている間に、冷蔵庫の中でじわじわと味がついていく。まずは、料理のついでに多めに作って冷蔵庫に入れることからスタートしよう。メインに、サラダに、汁ものに、いちから始める手間を省いて、台所に立つあなたをきっと助けてくれるはず。

毎日の食事のための「おかずの素」

材料を買ってきたら、使い道に応じて、軽めに塩漬け、酢漬け、油漬けしたり、使いやすいように切って塩ゆでしておこう。肉や魚なら、それだけでメインディッシュになり、小さめに切ってお弁当のおかずにしたり、野菜に足してボリュームを出すこともできる。野菜の塩漬けや酢漬けなら、納豆や冷や奴にのせたり、サラダの材料の一部にしたり、お味噌汁の具として加えたり、物足りない部分を補う役目にもなるというわけ。保存期間の目安は3～4日くらい、と短いけれど、たとえ数日間でも、これがあるから大丈夫、という安心感が生まれるはずです。こうしたものが冷蔵庫に控えているだけで、食事の支度がぐんと楽になる。もうひと味、ほんの少しの彩りに、と仕上げの決め手にも使えたりします。

塩は味を引き出すため、保存のために役立つから、買い物をしたら、すぐに薄い塩味をつけておくと、あとで楽ができます。

◎塩が味を引き出してくれる

塩をする時は、何に使うかをちょっとイメージすることが大事。基本の量は材料の重さの2～3%。しっかりと味つけしておきたい場合は、4～5%にしてもいい。粗すぎず、微粉末でもない塩が、溶けぐあいの面で使いやすくておすすめ。

◎短期保存のすすめ

これから紹介するものの多くは、保存期間が冷蔵庫で3～4日間（肉や魚は冷凍可能）。容器は密閉できる蓋つき瓶など、清潔なものを使いましょう。

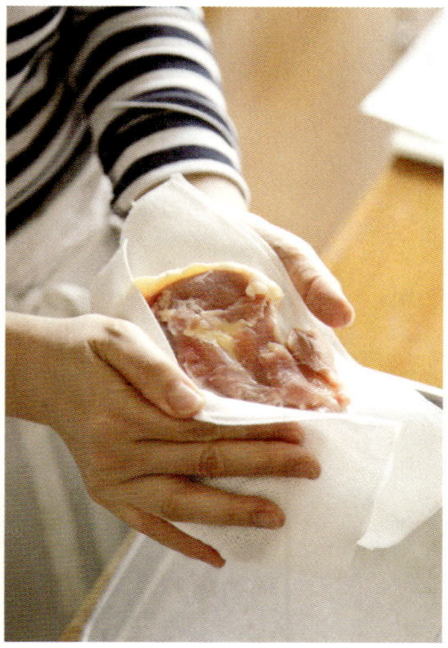

鶏肉・豚肉の塩漬け

塩漬けというよりも、下ごしらえしてすぐに使える状態にしておく、という感じ。一番のメリットは、時間のない時に生肉をいちから仕込まなくていいこと。塩が浸透すると、お肉はいい風味になる。

[使い道]焼く／煮込む／蒸す／炒める

1 肉は鶏もも肉や豚肩ロース肉などを塊のまま仕込み、料理する時に使い道に応じて切るといい。余分な脂や筋は切り取っておく。
2 肉をバットにのせて、肉の重量の3%の塩を全面にすり込み、20～30分そのままおく。
3 出た水分をキッチンペーパーで拭き取る（塩も軽く拭き取る）。
4 新たなキッチンペーパーに包み、保存用ポリ袋に入れ、冷蔵・冷凍保存する。冷蔵なら、翌日中に使う。

豚肉・鶏肉の塩煮

煮こごりごと使いましょう。スープの素ですからね。これさえあれば、カレーやシチュー、炒めもの、お弁当にと、こまごまと使えるので、ひと瓶あると助かったーと思うことがあるはず。

[使い道]カレーやシチュー／味噌汁やスープの具／野菜と一緒に炒めもの／酒の友

1 豚肉または鶏肉は、薄切り、塊など、使い道によって大きさを決める。一番簡単で使い回しがきくのは、豚薄切り肉（しょうが焼き用など）。
2 肉に重量の3%の塩をすり込み、20～30分そのままおく。水分をキッチンペーパーで拭き取る（塩も軽く拭き取る）。
3 鍋に肉を入れてかぶるくらいに水を注ぎ、中火にかける。煮立ってきたらあくや脂をすくい取る。弱火にして豚肉なら30～40分、鶏肉なら20分、じっくりと煮込む。
4 煮汁ごと容器に詰め、冷めたら冷蔵庫で保存する。冷えると汁が煮こごりになり、脂が白く固まる。夏場なら3日、冬なら1週間で使い切る。

魚の塩漬け／味噌漬け

切り身4切れを仕込んで2切れはすぐに使い、残りは冷凍、というふうに、「ついで」にやっておこう。薄塩にしておいて、焼き魚にする時は、仕上げに黒酢やしょうゆをからめるといい。塩漬け後に味噌漬けにもできる。

[使い道] 焼き魚／ソテー／煮魚

大根の塩煮

大根を塩味で煮ると、汁ものの具にもなり、一品料理にもなる。煮汁には大根のやさしい味が出ていて、意外な滋味深さ。びっくりですよ。

[使い道] ごま油と酢で和える／味噌汁の具／風呂吹き風

塩グリーンピース／塩そら豆

両方一緒に使うなら、同じ瓶に詰めるといい。ゆでてから塩味をまとわせると、味のコントラストがはっきりしておいしい。

[使い道] スクランブルエッグや卵焼きの具／ポテトサラダや白和えの具／温かいご飯にのせる・混ぜる／味噌汁やスープの具

ゴーヤーときゅうりの塩もみ

作ってすぐは塩味が勝って、ぱりっ。なじむとしんなり。緑色の汁は納豆を食べるときに少しかけてもいい。

[使い道] トマトと甘酢で酢のもの／ツナや卵とマヨネーズでサラダ／キムチとごま油で和えもの／じゃこ、ごま、しょうゆで和えもの

塩もろこし

とうもろこしは味が落ちやすいので、買ったら即、ゆでたい。トッピング感覚でさまざまに生かせる便利の素。飽きのこない味。

[使い道] スクランブルエッグや卵焼きの具／ポテトサラダ／温かいご飯にのせる・混ぜる／かき揚げ／カレーのトッピング

塩きのこ

オリーブ油をかけてサラミを添えたらイタリア風前菜。かつお節としょうゆで和えもの。いろいろに変身できるのが、きのこのいいところ。

[使い道]オリーブ油とレモンでマリネ／パスタソースの具／卵とじ／ごま油としょうゆできのこご飯／スープやオムレツの具

ねぎの塩煮

思い切って3本分くらい作っておけば、甘みの出た煮汁も一緒にいろんな場面で楽しめる。すました顔して、友人をおもてなししたりして。

[使い道]ごま油としょうゆをかけて豆腐にのせる／焼き魚の添えもの／レモンとオイルでマリネ／汁ものの具

トマトのオイル漬け

わたしの夏の定番。これに塩をふるだけでもおいしい。底にたまるジュースはスープに足しても、ソースの味の決め手にしても。

[使い道]冷や奴にのせる／ゴーヤーときゅうりの塩もみと混ぜて酢のもの／パスタ、肉、魚のソース／オムレツの具／サラダ

れんこんのごま油漬け

ごま油を使うと味にボリュームとこくが出る。太白ごま油なら穏やかな風味に。常温に戻して食べると、その穏やかさがわかりやすい。

[使い道]味噌やごまで和えもの／肉や魚と合わせて簡単おかず／炒めものの具／炒飯

酢もみ玉ねぎ

薄切りにして塩と酢をなじませ、ぎゅっぎゅっともみ続ける。のせたり和えたり、煮込みに加えたり、使い道は果てしないのだ。

[使い道]サラダ／納豆や冷や奴、ゆでじゃがいもにのせる／キムチとごま油で和える／ゆずこしょう入りマヨネーズで和える／カレーやスープの具

いろいろ野菜のピクルス

ピクルスは酸っぱすぎてもかたすぎても食べにくいので、お酢に甘みを足し、野菜には1～2割火を通す。好きな野菜を組み合わせて。

[使い道]オイルをふるだけ／ツナやハムを足してサラダ／しょうゆをかけて和風に

魚の塩漬け／味噌漬け

1 魚はぶり、サーモン、たら、いわし、あじ、かじきまぐろ、かつおなど、季節に応じて選ぶ。切り身やおろしたものを使うのが気軽（いわしのおろし方☞P.22）。バットにのせ、塩をすり込んで15分ほどおき、出た水分を拭き取る。
2 すぐに使わない場合は、キッチンペーパーに包み、保存用ポリ袋に入れて冷凍する。
3 味噌漬けにする時は、工程1の後、キッチンペーパー越しに味噌床に1日以上漬ける（それを焼くと69ページのぶりの味噌漬け焼きになる）。味噌床に麹漬けの素を2割混ぜ、ゆずこしょうを少量混ぜると、さらに風味が増す。

大根の塩煮

1 大根は皮をむき、例えば厚めのいちょう切りなど、使い道に合った大きさに切る。
2 1をかぶるくらいの水でゆでる。煮立ったら軽めに塩をして、弱火で竹串がすっと通るくらいまで煮る。
3 煮汁ごと容器に入れ、冷めたら冷蔵庫で保存する。3〜4日で使い切る。

＊小さく切るとゆで時間が短くすみ、大きめにするとボリュームが出て一品料理になる。

塩グリーンピース／塩そら豆

1 グリーンピースとそら豆は別々に、たっぷりの湯でやわらかくなりすぎない程度にゆでる。少しかたいかな、と思うくらいでざるにあげると、余熱でちょうどよく火が通る。
2 冷めないうちに塩をふり、粗熱を取ってから、瓶などに詰めて冷蔵庫で保存する。3〜4日で使い切る。

＊汁ものの具として使う場合は、加えてから煮すぎないように。トッピングの感覚で使う。
＊クレソンの茎や小松菜の茎なども、同様にゆでて塩をふっておくと便利。

ゴーヤーときゅうりの塩もみ

1 ゴーヤーは縦半分に切り、種とわたを取る。ゴーヤーときゅうりをそれぞれスライサーで薄切りにする。
2 ボウルに1を合わせ、塩をふって軽くもむ。出た水分ごと瓶に詰めて冷蔵庫で保存する。3〜4日で使い切る。

＊作りたてを食べ、しばらくおいて味がなじんだのをまた食べると、それぞれにおいしい。
＊緑色の汁にもおいしい味が出ているので、納豆のたれに少し足すとか、汁ものにたらして風味を足すなどするといい。

塩もろこし

1 とうもろこしはたっぷりの湯でゆで、包丁で実をそぎ取る。
2 実に軽く塩をふり、ざっと混ぜて瓶に詰める。粗熱を取り、冷蔵庫で保存する。3〜4日で使い切る。

＊包丁でざくっと実をそぎ取る方法は、そんなに無駄が出ないのと、量が多くても手間が少ないので、意外にいいやり方だと思う。

塩きのこ

1 好みのきのこを切ったりほぐしたりして大きさを揃える。さっとゆで、水気をしっかり切る。
2 塩をまぶして瓶などに詰める。粗熱を取り、冷蔵庫で保存する。3〜4日で使い切る。

＊1種類のきのこで作っても、しめじ、椎茸、まい茸、えのき茸などを好みで組み合わせてもいい。

ねぎの塩煮

1 長ねぎは食べやすい長さに切る。鍋に並べ入れ、塩をふり、水を8割方浸るくらいに注ぐ。中火にかけ、煮立ってきたら火を弱めて2〜3分煮る。
2 煮汁ごと瓶に詰め、粗熱を取り、冷蔵庫で保存する。3〜4日で使い切る。

トマトのオイル漬け

1 トマトは大きさに応じて4〜8等分に切る。
2 瓶などに入れ、オリーブ油をまわしかける。油の量はトマトの表面がうっすらと覆われるくらい。
3 冷蔵庫で保存し、4〜5日で使い切る。保存期間中は、何度か瓶の上下を返して油を全体にまわす。少しずつ瓶の底にジュースがたまってくる。

＊トマトの旬の時期に、4〜5日で使い切れる量を作ろう。例えばトマト3個で作り、なくなりそうになったら次の分を仕込む、というふうに。
＊たまったジュースは、ドレッシングやソース代わりに使える。

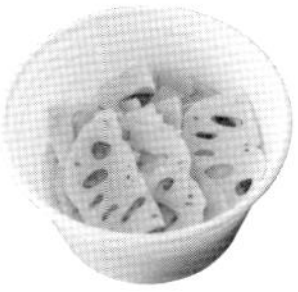

れんこんのごま油漬け

1 れんこんはピーラーで皮をむき、薄い半月切りにする。
2 かぶるくらいの湯で2〜3分ゆで、水気を切る。塩を軽くふり、太白ごま油で和える。油の量はれんこん10cmぶんに約大さじ3。
3 瓶などに入れ、粗熱を取り、冷蔵庫で保存する。3〜4日で使い切る。

酢もみ玉ねぎ

1 玉ねぎは44ページの方法で、スライサーで細く薄く、同じ長さにおろす。
2 ボウルに入れて塩を軽くふり、手でぎゅっともむ。塩がなじんだら酢をかけ（1個に大さじ1が目安）、さらにぎゅっぎゅっともみ続ける。しんなりしてきたら、味を見る。辛いのが好きなら、これで終了。なじんだ味がよければ、もうひと息もんで仕上げる。
3 汁ごと瓶などに詰め、冷蔵庫で保存する。

＊酢の量は好みで調節。量を増やすほど日持ちする。真夏以外は、冷蔵庫で1週間以上保存可能。
＊酢は米酢、白ワインビネガーでも、両方でも。すし酢を混ぜても。

いろいろ野菜のピクルス

大根4〜5cm／にんじん細1本／玉ねぎ半個／パプリカ半個／赤ピーマン2個／タイム2〜3本／ローリエ2枚／塩小さじ0.5／白ワインビネガー100ml／米酢100ml／三温糖小さじ1／塩

1 大根は皮をむいて小さめの拍子木切り、にんじんは厚さ3mmの輪切り、玉ねぎとパプリカは角切り、赤ピーマンは輪切りにする。
2 鍋に水200ml、塩、白ワインビネガー、米酢、三温糖を入れて中火で煮立て、タイムとローリエ（各乾燥）を加える。にんじんと玉ねぎを入れて弱火で2分煮て、他の野菜を加えて20秒後に火を止める。
3 煮汁ごと瓶などに入れ、粗熱を取り、冷蔵庫で保存する。

◎おかずの素でさっと一品

薄味をつけて保存したおかずの素に、油の香りを足して酒の肴に
したり、何種類か合わせて一品にしたり。味をつけすぎないから、
他の素材との組み合わせが自由自在です。今日も楽ちんだなあ。

おかずの素ミックスサラダ

何種類もおかずの素を作ったら、ある日のご飯は、全部を盛り合わせたサラダ、なんていうことも可能です。オリーブ油をかけ、塩とこしょうをふるだけ。

ぶりねぎゴーヤー

塩漬けぶりを太白ごま油で焼き、仕上げにしょうゆと黒酢をたらり。長ねぎの塩煮、ゴーヤーときゅうりの塩もみを添え、ごまを散らしてお酒の友に。

玉ねぎと塩もろこし

酢もみ玉ねぎにカッテージチーズを合わせ、塩もろこしをぱらり。オリーブ油をまわしかけ、こしょうをたっぷり挽きかけて。マヨネーズも合います。

れんこんと豚肉の和えもの

れんこんのごま油漬けに豚肉の塩煮を合わせるだけで、酒の肴のでき上がり。軽く炒めると、お弁当のおかずに。

大根の味噌汁

大根の塩煮をお味噌汁の具にして、おろし塩ゴーヤー（☞P.28）を少しのせると、さっぱりとして夏向き。

鮭の麹焼き

薄塩で塩漬けした鮭の切り身に、麹漬けの素（☞P.60）をちょっとぬって焼くと、うまみと塩気が加わって、香ばしく焼き上がります。

◎お手軽弁当

自分で作って自分で詰めて、自分で食べるお弁当。おいしくて安心で楽しみになるものにしたいから、料理のついでに「おかずの素」をこしらえて、お弁当にもお裾分けしよう。

おむすび弁当
具だくさんのスープつき

野菜たっぷりのスープはおかずと汁ものを兼ねる強い味方。毎日作っているものをお弁当にすると、飽きない不思議。それは味つけがシンプルだから。

ぶりとキャベツのせゴーヤーご飯

ぶりの味噌漬け焼きとたっぷりのキャベツ。まさか、その下にゴーヤー味のご飯が隠れているとは、誰が想像するだろう。夏の味をお弁当箱にひそませて。

ベーグルサンドと蒸し煮野菜サラダ

バターもマスタードもなし。ハムとトマトをはさんでオイルをたらすだけのサンドイッチは、お昼頃に味がなじんでいい加減。蒸し煮野菜サラダとチーズを一緒に。

ぶりとキャベツのせゴーヤーご飯

材料　1人分
ぶりの味噌漬け（☞P.64）　1切れ
キャベツ　約3枚
ご飯　1膳分
おろし塩ゴーヤー（☞P.28）　小さじ1
しょうゆ　小さじ1
ごま油　少量
塩　少量
黒ごま　少量
赤唐辛子粉　少量

1 温かいご飯に、おろし塩ゴーヤーと塩をひとつまみ加えて混ぜ、粗熱を取って容器に詰める。
2 キャベツは食べやすく切り分け、鍋に入れて水50mlを加える。塩をふって中火にかけ、蓋をして2〜3分蒸し煮にする。しんなりしてきたら、軽く混ぜながら水気を飛ばし、少し水分が残るくらいで火を止める。ボウルに取り出してごま油をふりかけ、粗熱を取る。
3 ぶりの味噌漬けは、切り身を3等分に切り分け、ごま油をひいたフライパンで両面ともこんがりと焼く。火が通ったらしょうゆをふり、手早くからめ、火を止めて黒ごまをふる。粗熱を取り、キャベツとともにゴーヤーご飯の上にのせ、赤唐辛子粉をふる。

ベーグルサンドと蒸し煮野菜サラダ

材料　1人分
[ベーグルサンド]
ベーグル　1個
ロースハム（スライス）　2枚
トマト（スライス）　2枚
塩　少量
オリーブ油　小さじ1／4
[蒸し煮野菜サラダ]
蒸し煮野菜（☞P.42）　適量
チーズ　適量
オリーブ油　小さじ2
白ワインビネガー　小さじ2
はちみつ　小さじ1／4
塩　少量

1 [蒸し煮野菜サラダ]基本の蒸し煮野菜をオリーブ油、ビネガー、塩、はちみつで和え、容器に入れて好みのチーズを添える。
2 [ベーグルサンド]ベーグルは横半分にスライスして軽くトーストし、下側にハムをのせて、オリーブ油をたらす。上側にはトマトをのせて、軽く塩をふる。両方を合わせてラップフィルムで包む。

おむすび弁当 具だくさんのスープつき

材料　1人分
[おむすび]
雑穀ご飯　1膳分
梅干しの果肉　少量
煎り白ごま　少量
塩　少量
焼き海苔　2枚
[具だくさんスープ]
和風ミネストローネの野菜（☞P.43）　適量
豚薄切り肉の塩煮（☞P.63）　適量
菜の花（ゆがく）　2本
しょうゆ　小さじ1.5
こしょう　適量

1 [おむすび]雑穀ご飯に、包丁で叩いた梅干しの果肉と煎りごまを混ぜる。さっとぬらした手に軽く塩をつけ、俵形にむすぶ。海苔を巻く。

2 [具だくさんスープ]鍋に水200mlを沸かし、和風ミネストローネの野菜を入れる。軽く煮立てて豚肉の塩煮を加え（量は食欲に応じて）、ゆがいた菜の花を加えてさっと煮る。しょうゆで味を調える。粗熱が取れたら、密閉できる容器に入れて、こしょうを挽く。

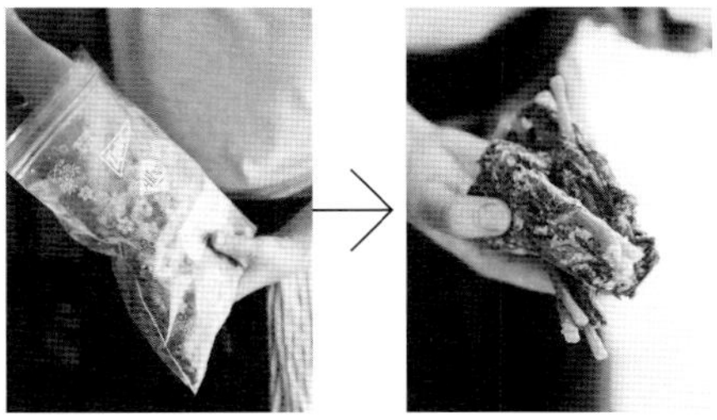

菜の花は、買ったらすぐにさっとゆがいておくといい。保存用ポリ袋に入れて冷凍しておけば、汁ものの鍋にそのまま入れて仕上げられる。

◎冷蔵庫に卵があったら

※卵はゆでる前に常温にもどしておきましょう。

ゆで卵

加熱時間は水から9分間。かぶるくらいの水で中火でゆで、煮立ってきたら少し火を弱めてゆで上げる。水に浸して殻にひびを入れ、そのまま冷めるまでおく。

＊ゆで野菜に添えてカレー粉をふったり、マヨネーズで和えたり、お弁当にも。

半月目玉焼き

目玉焼きの要領で焼き始め、白身が固まってきたら、フライ返しで半分にたたみ、弱火で1分焼く。仕上げに塩をふり、黒酢をまわしかけてこしょうを挽く。

＊ご飯、おこわや炒飯にも合う。赤唐辛子粉をふって辛くしたり、塩をしょうゆに代えてもいい。

温泉玉子

かぶるくらいの水で、弱めの中火でゆで、80℃になったら火を止める。蓋をして冷めるまでおく。殻にひびを入れ、そっと割って器に取り出す。

＊温かいご飯にのせて、卵かけご飯にしてもいい。

圧力鍋に下ごしらえを手伝ってもらう

圧力鍋を使うなら、何を煮ようか。かたいお肉や野菜にも重宝だけれど、ここでは乾物豆の水煮を紹介しよう。加熱時間は5分だけ。お豆の水煮を冷凍庫にストックしておくと、ひよこ豆ならカレーに、小豆ならおやつに、とかなりのお助け素材になる。

圧力鍋を使う時、とりわけ野菜を煮る時は注意が必要。ポトフをうっかり長めに煮込んでしまったことがあって、まるで野菜の魂まで抜いてしまったような煮上がりに。以来、下ごしらえを手伝ってもらうようにしています。

いろいろ試して、お手頃な値段の3ℓサイズが、わたしの使い方には相性がいいらしいという結論に。下ごしらえを手伝ってもらう使い方、道具に対して弱気な人には、気楽に使えるものがいい。軽いのも何より。

◎圧力鍋で豆を煮る

材料
ひよこ豆* 乾物200g
塩 少量

＊ひよこ豆にかぎらず、白いんげん豆、青大豆、小豆など、いろいろな豆の水煮が可能。

1 圧力鍋にひよこ豆を入れ、200g→200mlと置き換えて、その3倍の水（600ml）を注ぐ（a）。他の豆を煮る場合も、水の量は3倍に。
2 蓋をしっかり閉めて、中火にかける。沸騰して蒸気が出たら火を弱め、5分煮る。時間は計ったほうが安心（b）。
3 火を止めて、粗熱が取れるまでそのままおき、蓋を開ける（c）。
4 水気を切り、バットに広げて冷ます。保存用ポリ袋に入れ、冷凍保存する。重ねずに平たくしておくと（d）、ほぐしやすい。
5 料理に使う時は、必要な量だけほぐして取り出し（e）、凍ったまま鍋に加える。

a

b

c

d

e

◎ けちけち揚げのすすめ

　揚げもの好きの人へ。普段から気楽に揚げものを楽しむためのコツを伝授しましょう。道具は小さめのフライパン。油の量は、揚げるものの3倍くらい。フライパンを傾けて片方に油をため、そこに材料を入れます。揚げるというより、多めの油で焼く感覚。これなら油の量も最小限ですみ、お手軽です。
　素揚げもいいけれど、ごく簡単な天ぷらの仲間と考えて、薄力粉を水で溶いた衣をつけて揚げるのも香ばしい。いずれの場合も、素材の水気は十分に拭き取っておきましょう。

5

カレーのようで、カレーじゃない。ひと味ちがうカレー料理のすすめ。

カレーは日本の国民食。インスタントでも本格インド風でも、どれもおいしい。次は、油少なめのカレー風煮込み料理をレパートリーに加えてはいかが。優しげで穏やかなのが特徴です。野菜か豆を主役にして、肉や魚介はだしの役目。あっさりめだからパンチはないけど、いつの間にやら平らげて、なぜだかまた食べたくなるカレーですよ。

鶏肉とほうれん草のカレー

たまには緑色のカレーはいかが。
たっぷりのほうれん草に、ゴーヤーの苦みを隠し味に。
きりっと苦いのがお好みなら、ゴーヤーの量を増やしてもいい。

生のほうれん草1把にオリーブ油少々と塩を加えて、フードプロセッサーでピュレ状に。これを入れると緑のカレーのでき上がり。

あさりとベーコンのトマトカレー

思い立ってすぐに作れる、さらりとしたスープカレー。
水分はトマトから出るジュースだけ。
トマトはおいしいだしでもあるのだ。

熟れた夏のトマトがたくさんある時、何を作る？　カレーを作ればいいのです。トマトは具とスープを兼ねる、すぐれもの。

鶏肉とほうれん草のカレー

材料　4人分
塩漬け鶏もも肉（☞P.63）　2枚
ほうれん草　大1把
おろし塩ゴーヤー（☞P.28）
　大さじ2
玉ねぎ　大1個
じゃがいも（メークイン）
　大3個
にんにく　1片
カレー粉　約大さじ3
クミン（粉）　小さじ1／2
コリアンダー（粉）
　小さじ1／2
赤唐辛子粉　小さじ1／4
オリーブ油　大さじ1
塩　適量
五穀ご飯　適量

1 ほうれん草は根元を切り落とし、ざくざくと粗くきざむ。塩少々とオリーブ油の半量とともに、ミキサーかフードプロセッサーにかけてピュレ状にする。カッターに葉がかかりにくければ、水を少量加える。

2 玉ねぎは4等分のくし形に切り、44ページの要領で薄切りにする。じゃがいもは皮をむいて厚めのいちょう切りにし、軽く水にさらす。にんにくは芽を取り、みじん切りにする。

3 塩漬け鶏もも肉は水気を拭き取り、ひと口大に切る。鍋に入れ、水800～1000mlを入れて中火にかける。煮立ってきたらあくをすくい、玉ねぎとにんにくを加える。蓋をして弱火で30分ほど煮込む。

4 鶏肉がやわらかく煮えたらじゃがいもを加え、蓋をして15分ほど煮る。カレー粉、クミン、コリアンダー、赤唐辛子粉を加え、残りのオリーブ油を加えて軽く混ぜ、4～5分煮て味をなじませる。

5 仕上げにほうれん草のピュレとおろし塩ゴーヤーを加え、塩で味を調える。ざっと混ぜて色鮮やかなうちに火を止める。

6 五穀ご飯と一緒に器に盛る。

＊ほうれん草のピュレは、仕上げに加えてフレッシュさを残す。煮込んで作るインド風のほうれん草カレーとはちがって、グリーンの鮮やかさを生かしたいから。辛さはやや控えめにしています。

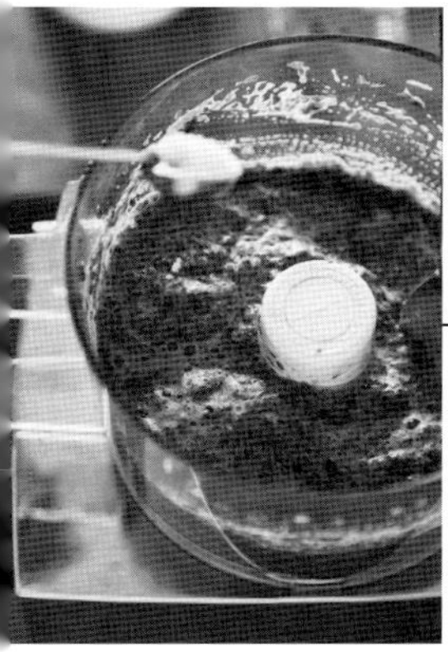

あさりとベーコンのトマトカレー

材料　4人分
トマト　大4個
にんにく　1片
あさり(殻付き)　約300g
ベーコン(スライス)　4〜5枚
香菜　2株
クミンシード　小さじ2／3
カレー粉　大さじ3強
おろし塩しょうが(☞P.28)
　小さじ1弱
グレープシード油　大さじ1
塩、こしょう　各少量
パン　適量

1 トマトはひと口大に切ってボウルに入れる。にんにくは半分に切って芽を取る。あさりは塩水に浸けて砂抜きする。ベーコンは1cm幅の短冊切りにする。香菜は粗くきざむ(根も一緒に)。
2 鍋にグレープシード油、にんにく、クミンシードを入れ、弱火で温める。香りが出てきたら、トマトを加えてカレー粉をふり、ざっと混ぜる。煮立ってきたら、あさりとベーコン、おろし塩しょうがを加えて蓋をして、弱めの中火でトマトが煮くずれるまで10分ほど煮る。
3 あさりの殻が開いたら、煮汁の味を見て、カレー粉と塩で味を調え、こしょうをふる。煮上がりに、香菜を加える。
4 器によそい、パンを添える。

＊トマトからも、あさりからもだしが出るし、ベーコンを入れるとさらに味にボリュームが出る。熟した大きめのトマトをたっぷり使って作るとおいしく仕上がるので、ぜひ夏に。

野菜と挽き肉のセミドライカレー

ラタトゥイユとドライカレーをミックスしたような、
夏に食べたいカレー。しっとりとして色鮮やかなカレーは、
作りながらエネルギーがわいてくる。

パプリカ、ししとう、にんじん、ズッキーニ……カレーにすると野菜がたっぷり食べられる。1種類ずつ、丁寧に炒めよう。

豚肉とひよこ豆のカレー

しょうがの辛みに、豚肉とひよこ豆が寄り添うカレー。
豆の水煮を冷凍ストックしたり、肉の塩煮を仕込んでおくと、
こんなカレーも気軽に作れる。ナンがぴったり。

お豆を手早く煮たいあなたは、圧力鍋に手助けしてもらおう（☞P.73）。水煮豆を冷凍庫にストックしておくと、すぐに使えて重宝する。

野菜と挽き肉のセミドライカレー

材料　4人分
ししとう　10本
赤・黄パプリカ　各1／2個
ズッキーニ　小1本
にんじん　1本
玉ねぎ　大1／2個
にんにく　1片
合挽き肉　350g
カレー粉　約大さじ3
クミン（粉）　小さじ1／3
コリアンダー（粉）
　小さじ1／3
エルブ・ド・プロヴァンス
　小さじ1／5
トマトピュレ　200g
オリーブ油　約大さじ3
塩、こしょう　各少量
麦入りご飯　適量

1 野菜を下ごしらえする。ししとうはへたを切り落として3等分に切り、パプリカは種を取って角切り、ズッキーニは少し厚めのいちょう切りにする。にんじんは厚さ3〜4mmの輪切りにし、太い部分は半月切りに。玉ねぎは角切り、にんにくは芽を取って粗みじん切りにする。

2 フライパンにオリーブ油小さじ1をひき、塩少々を加え、にんにくと玉ねぎを弱火で炒める。油が全体にまわって野菜の香りが出てきたら、大きなボウルに取り出す。

3 2と同じ要領で、残りの野菜を1種類ずつ炒め、同じボウルに移していく。あとで煮込むのでかためでいいが、にんじんだけはしっかりと火を通す。油は毎回足し、塩はほんの少量ずつ加える。

4 3のフライパンに油を足し、合挽き肉を炒める。火が通ったら、塩、こしょうをふり、カレー粉、クミン、コリアンダー、エルブ・ド・プロヴァンスを加え、こんがりするまでしっかり炒める。

5 炒めた挽き肉と野菜を鍋に入れ、水を150mlほど加え、蓋をして弱火で15分蒸し煮にする。トマトピュレを加えて2〜3分煮る。味を見て、必要ならカレー粉、塩などを足す。水分が少し残った、しっとりした状態に煮上げる。

6 麦入りご飯とともに盛りつけ、こしょうを挽きかける。

＊色とりどりの夏野菜を使って、うんとたくさん作るとおいしくなる（冷凍保存できるし、お弁当にもいい）。合わせるご飯は玄米だと少し重たいので、麦入りご飯や胚芽米がおすすめ。

豚肉とひよこ豆のカレー

材料　4人分
豚肉の塩煮（☞P.63）　600g
ひよこ豆の水煮（☞P.73）
　冷凍200g
玉ねぎ　大1個
カレー粉　大さじ2
赤唐辛子粉　小さじ1
おろし塩しょうが（☞P.28）
　大さじ1
オリーブ油　大さじ1
ガラムマサラ　小さじ1
塩、こしょう　各少量
ナン　適量

1 豚肉の塩煮は、肩ロース塊肉を塩味で煮て、大きめに角切りしたものを用意する。煮汁も使う。
2 玉ねぎは4等分のくし形に切り、44ページの要領で薄切りにする。
3 厚手の鍋に玉ねぎ、水200ml、塩少々、オリーブ油を入れて中火にかける。煮立ってきたら火を弱めて炒め煮にする。水分がなくなって、玉ねぎがうっすらと茶色く色づいてきたら水200mlを加えて、鍋肌の焦げつきを木べらでこそげて溶かす。
4 ひよこ豆の水煮と豚肉の塩煮を加え、豚肉の煮汁80mlを加える。ざっと混ぜてなじませ、カレー粉、赤唐辛子粉、おろし塩しょうがを加え、塩をふり、こしょうを挽き入れる。蓋をして、弱火で20～30分煮込む。ときどき様子を見て、煮詰まってきたら水を足す。仕上げにガラムマサラを加え、味を見て、辛みや塩味を調節する。
5 器によそい、ナンを添える。

＊豚肉の代わりに鶏肉で作ってもおいしい。辛みの素は、カレー粉をベースに、しょうが、唐辛子、そしてこしょう。こしょうの挽き方でも、ずいぶん印象が変わる。

お手軽カレー

市販のカレールーは懐かしい味。
キャラメルみたいに割って、好きなだけ入れてみる。
1人分でもおいしくできるのが、カレールーのいいところ。
チーズを添えるとこくが出ます。

市販のカレールーの便利なところは、辛みととろみの素になること。味の仕上げは自分の好みで決めるのだ。

◎カレーにぴったりのサラダ

トマトと塩もみきゅうり

塩もみは野菜の扱いの基本。食感と塩味の加減がうまくいくと、それだけで相当おいしいサラダになる。

酢もみ玉ねぎとチーズのサラダ

カレーや煮込み料理に欠かせない、さっぱりしたサラダ。トマトやきゅうりを混ぜてアレンジしてもいい。

セロリとオレンジのサラダ

サラダにもスパイスを少し加えたら、カレーによく合う風味になりました。どのカレーにも、好相性。

ゆずこしょう風味のアボカドサラダ

アボカドにゆずこしょうの組み合わせは、もはや我が定番となりました。品のいい辛みですっきり仕上がる。

お手軽カレー

材料　4人分
トマト　大1個
じゃがいも（男爵）　1個
にんじん　1／3本
玉ねぎ　1／4個
鶏もも肉の塩煮（☞P.63）
　1.5～2枚
おろし塩しょうが（☞P.28）
　小さじ1
市販のカレールー　3～4かけ
チーズ（大きな角切り）　適量
ご飯　適量

1 トマトは3～4cm大に大きく切る。じゃがいもは皮をむいていちょう切り、にんじんは薄めの輪切り、玉ねぎも薄切りにする。すべて鍋に入れ、かぶるくらいに水を注ぎ、鶏肉の塩煮、おろし塩しょうがを加え、中火にかける。
2 煮立ったら火を弱め、蓋をして10分ほど煮込む。さいころ状に切ったカレールーを加え、軽く煮て味をなじませる。
3 ご飯と一緒に盛り、チーズを散らす。

＊市販のカレールーは辛口でも甘みが強め。それを生かしつつ、トマトの酸味と甘みをだしにする。カレールーはとろみが強くつくので、量を加減して自分好みの味に仕上げよう。肉の塩煮やおろし塩しょうがを仕込んでおくと、食べたいと思った時にすぐ作れる。

◎しょうがの塩漬け

薄塩で漬けたしょうがは、酢漬けのような使い方ができる。箸休めや薬味にもいいし、カレーにも添えられる。せん切りにして炒めものに入れたり、きざんでご飯に混ぜてもいい。

［作り方］
しょうがはかたい皮をむき、スライサーでごく薄くおろす。重量の2%の塩をふり、保存容器に入れる。しばらくすると塩がなじんで水分が出て、ぱりぱりになる。冷蔵保存して10日を目安に使い切る。

トマトと塩もみきゅうり

材料　4人分
トマトのオイル漬け（☞P.65）
　1個分
きゅうり　2本
塩　少量
すし酢　大さじ1

1 きゅうりは薄くスライスし、塩をふる。水気が出たら軽くもみ、ぎゅっと絞る。1枚食べてみて塩気が強ければ、さっと流水に通して絞り直す。
2 トマトのオイル漬け（瓶の底にたまったジュースも少量足す）にすし酢をかけて、ざっと混ぜる。
3 きゅうりと2を合わせ、しばらくおいて味をなじませる。器に盛り、軽く塩をふる。

＊トマトのオイル漬けは、瓶の底にたまったジュースごと使うと、ドレッシング要らず。

酢もみ玉ねぎとチーズのサラダ

材料　4人分
酢もみ玉ねぎ（☞P.65）
　1個分
カッテージチーズ　100g
オリーブ油　大さじ1強
こしょう　少量

1 酢もみ玉ねぎとカッテージチーズを器に盛り合わせる。
2 オリーブ油をまわしかけ、こしょうをたっぷり挽きかける。それだけででき上がり！

＊65ページの酢もみ玉ねぎをいちから作っても、それほど時間はかからない。トマトのオイル漬けを足して、ボリュームを出してもいい。

セロリとオレンジのサラダ

材料　4人分
セロリ　2本
オレンジ　2個
クミン（粉）　2つまみ
コリアンダー（粉）　2つまみ
レモン汁　小さじ1／2
オリーブ油　大さじ1
塩　少量

1 セロリは筋を取って斜め薄切りにする。細い茎も同様にする。葉は細かくきざむ。すべてを合わせ、塩をふって2分ほどおき、水気を絞る。ひと切れ食べてみて、塩気が強ければ、さっと流水に通して絞り直す。ボウルに入れる。
2 オレンジは上下を切り落とし、小さなナイフで果皮を薄皮ごとそぎ取る。果肉をひと房ずつナイフで取り出し、1のボウルに加える（ボウルの上で作業して、果汁もボウルに落とす）。クミン、コリアンダー、塩、レモン汁、オリーブ油を加えてざっと混ぜる。

＊ネーブルオレンジなら、甘いのでレモン汁を多めに。グレープフルーツで作ってもいい。セロリは塩もみすると、全体になじみやすくなる。

ゆずこしょう風味のアボカドサラダ

材料　4人分
アボカド　2個
マヨネーズ　大さじ2
ゆずこしょう　小さじ1／2
レモン汁　小さじ1弱
オリーブ油　小さじ2
クレソン　1把
赤唐辛子粉　少量

1 マヨネーズとゆずこしょうを混ぜ合わせ、レモン汁、オリーブ油を加えてよく混ぜる。
2 アボカドはぐるりと包丁を入れて半割りにする。種に包丁の角をぐっと入れ、すべらないように注意して取り出す。皮をむき、果肉を角切りにする。
3 アボカドに1をかけ、そっと和える。ちぎったクレソンと一緒に器に盛り、赤唐辛子粉をふる。

＊アボカドの代わりに、じゃがいもでポテトサラダにしてもおいしい。ツナやきざんだハムを加えてサンドイッチにしてもいい。

かぼちゃのスパイス焼き

かぼちゃの蒸し焼きは、甘く香ばしくスパイシー。カレーにもう一品足して作ってみよう。お弁当にもおすすめ。

材料　4人分
かぼちゃ　中1／2個
松の実　大さじ2
カレー粉　小さじ2
ナツメグ（粉）　小さじ1／3
シナモン（粉）　小さじ1／3
塩　少量
オリーブ油　大さじ1
パン　適量

1 かぼちゃは種とワタを取って、ひと口大に切り、皮を半分ほどそぎ落とす。鍋に並べ入れて6～7割まで水を注ぎ、塩をふる。蓋をして中火で蒸し煮にする。

2 水分がほとんどなくなったら、オリーブ油をまわしかけ、鍋をゆすって全体にからめる。

3 カレー粉、ナツメグ、シナモンを混ぜ合わせて、かぼちゃにふりかける。松の実も散らす。そっと上下を返し、軽く焼き目がついたらでき上がり。

4 器に盛り、パンを添える。

＊スパイスの量は好みで調節を。ナツメグはホールをおろして使うと、とても香りがいいのでおすすめ。ポークソテーやグラタンの香りづけにも効果抜群。

6

食後に、おやつに、とびきりおいしい甘いものとお茶で一服。

献立は、デザートまで入れて組み立てると豊かになるもの。食後のお茶一杯だけでも、手を抜かないで考えたい。家で作るデザートは、冷蔵庫で作れる控えめな甘さのアイスクリームやババロワに、季節の果物を工夫して合わせます。甘いもの作りは、焦らず丁寧に、ゆっくり仕上がるのを待つ仕事。自家製デザートが、夢のような味になりますよ。

きんかんの和三盆まぶし
甘酒のミルクアイス

きんかんを切って茶色い砂糖をまぶす小菓子。
アイスクリームのほうは、甘みが甘酒だけ！
物足りない人のために、小さなおまけをのせて。

材料　4人分
[きんかんの和三盆まぶし]
きんかん　適量
和三盆糖　適量

[甘酒のミルクアイス]
甘酒（☞P.97）　300ml
生クリーム　200ml
牛乳　100ml

[きんかんの和三盆まぶし]

1 きんかんはなり口を竹串で外し、半分に切って種を取る。平らな器に和三盆糖を入れ、きんかんの切り口を押しつける。

2 そのままお茶請けとしても、甘酒のミルクアイスにのせてもいい。

[甘酒のミルクアイス]

1 生クリームをボウルに入れ、軽く角が立つまで泡立てる。

2 1に甘酒と牛乳を加え、泡立て器で混ぜ合わせる。ステンレスのバットや深めの容器に流し入れ、まず2時間ほど冷凍庫で冷やし固める。いったん取り出し、凍った部分をスプーンでさっくりと混ぜ、再び冷凍庫へ。

3 2〜3時間凍らせて、また混ぜる。もう1度くり返すと、口あたりがよくなる。

＊アイスクリームは自分で作って甘さ控えめにしておくと、トッピングの変化で楽しめる。

いちごのビネガーコンポート

梅干しとざくろのグラニテ

いちごとビターチョコレートのパルフェ

いちごのビネガーコンポート

ワインビネガーはデザートにも深い味わいをプラスする。コンポートなら、ほのかな酸味と風味を感じさせるのがおいしいバランス。

材料
いちご　1パック
三温糖　100g
はちみつ　大さじ2
赤ワインビネガー　大さじ3

1 いちごはへたを切り落とし、鍋に入れる。三温糖とはちみつをかけ、スプーンでざっくりと混ぜてからめる。そのまま30分ほど、いちごから水分が出て三温糖が溶けるまでおく。
2 1を中火にかける。煮立ってきて泡が盛り上がってきたら、いちごをすくい出す。シロップは軽く煮立てて7〜8分煮詰める（吹きこぼれないよう注意）。
3 シロップに赤ワインビネガーを加え、火を止めていちごを戻し、そのまま冷ます。

＊甘酒のミルクアイスや豆乳の葛ババロワなどにかけるのもおすすめ。好みでもっと甘くしてもいい。保存は、冷蔵庫で1週間が目安。

梅干しとざくろのグラニテ

赤くて酸っぱいざくろジュースと梅干しを合わせて、さっぱりして、懐かしい味のグラニテを作ろう。甘いもの好きは、バニラアイスをのせてもいいですよ。

材料　4人分
梅干し　大2個
ざくろジュース　400ml
はちみつ　大さじ3
湯　大さじ3

1 梅干しは種を取り除き、果肉を包丁で細かく叩く。ざくろジュースと合わせ、分量の湯で溶いたはちみつを加えて混ぜ合わせる。ステンレスのバットや深めの容器に入れる。
2 冷凍庫に2時間ほど入れて軽く凍らせる。いったん取り出してスプーンで混ぜる。2時間凍らせて混ぜることを3～4回くり返して、みぞれ状に仕上げる。

＊もし混ぜ忘れても、甘みがあるので完全にカチカチには固まらない。ミキサーにかけて、とろりとさせてもおいしい。

いちごとビターチョコレートのパルフェ

生クリームに黒糖の甘み、そしてビターチョコの組み合わせは最強の味！　いちごを混ぜずに作って、いちごのビネガーコンポートをのせて食べてもいい。

材料　4人分
いちご　7～8個
ビターチョコレート　50g
生クリーム　200ml
黒糖　80g
牛乳　100ml
ダークラム　小さじ1

1 ボウルに生クリームを入れ、とろりとするまで泡立てて、黒糖を加えて混ぜる。牛乳、細かくきざんだチョコレート、ダークラムを加えて混ぜ合わせる。
2 ステンレスのバットや深めの容器に1を入れて、冷凍庫へ。3時間ほど冷やし固めてスプーンでざっと混ぜる。
3 いちごはへたを切り落とし、大きめの角切りにして、2に混ぜる。
4 再び冷凍庫で4～5時間以上、ときどき混ぜながら冷やし固める。混ぜる時は、表面に浮き固まった生クリームを中に混ぜ込むようにする。

＊ラムの風味に黒糖とチョコレートが調和する。ラムなしだと、のんびりした味に。いちごの代わりにバナナを混ぜてもいい。

豆乳の葛ババロワ

葛粉でやわらかくまとめた
なんとも優しげなババロワ風デザート。
ゼラチンや寒天ともちがう繊細な食感。

材料　4人分
無調整豆乳　250ml
牛乳　250ml
葛粉　40g
水　50〜80ml
三温糖　大さじ1

1 葛粉を分量の水でよく溶かす。茶漉しで漉して、ダマのない状態にする。

2 鍋に牛乳と1を入れて弱めの中火にかけ、木べらで絶えず混ぜながら加熱する。さらっとしていたのが、途中で急にとろみがつき始めるので目を離さないこと。少し火を弱め、焦がさないようにしっかり混ぜ続ける。とろりとしてきたら、軽く煮立てながら3〜4分練り続ける。下の写真のようになったら火を止める。

3 豆乳を2〜3回に分けて2に混ぜ込む。この時も混ぜる手を止めず、できるだけ短時間で混ぜる。

4 冷めると固まるので、熱いうちに器に流し入れる。粗熱を取り、冷蔵庫で半日ほど冷やし固める。95ページのソースなどをかけて食べる。

＊練り足りないと固めた時に水分が分離しやすいので、工程2でしっかり練る。豆乳は80℃を超えると分離しやすいので、必ず火を止めてから加えること。

◎シンプルなデザートのためのソース

メープルオレンジソース

自然な甘さ、オレンジのほろ苦さと柑橘類の香りが好きな人に。豆乳の葛ババロワにひとさじかけて、自前のデザート作りの初めの一歩に。

1 オレンジ2個を半分に切って果汁を搾り（実が混じってもいい）、鍋に入れる。メープルシロップ100mlを加えて混ぜ合わせる。

2 1を火にかけ、煮立ってきたら弱火にして30分ほど煮詰める。少しとろみがつけば完成。火加減が難しければ、鍋を焼き網などにのせると安心。

しょうがジャム

ジャムといっても、ごめんなさい。実は、おろししょうがにはちみつを混ぜただけ。それだけでもおいしいのは、しょうががフレッシュだからかな。

1 しょうがを大さじ3杯分すりおろし、はちみつ大さじ5、シナモン（粉）ひとつまみを加えて混ぜ合わせる。

2 時間をおくと、しょうがの辛みの角がとれる。甘酒のミルクアイスや豆乳の葛ババロワのほか、トーストパンやフレンチトースト、ミルクティーなどにも合う。

黒糖ゆで小豆

色が似ている材料は相性がいいから、小豆を茶色い砂糖で煮てみました。甘酒や豆乳に混ぜたり、アイスや白玉にかけたり、と使い道はいろいろ。

1 小豆200g（乾物）を洗って鍋に入れ、たっぷりの水を注いで中火にかける。十分に煮立ったらざるにあげ、鍋に戻してまた水を注いで中火にかける。このゆでこぼしを3回行い、最後は弱火で30〜40分煮る。豆の一部が割れ始めるくらいやわらかく煮る。圧力鍋なら、なお早い（☞P.73）。

2 1に三温糖と黒糖を80gずつ加え、煮立ってきたらあくをすくい、弱火で15分ほど煮る。煮汁ごと使う。

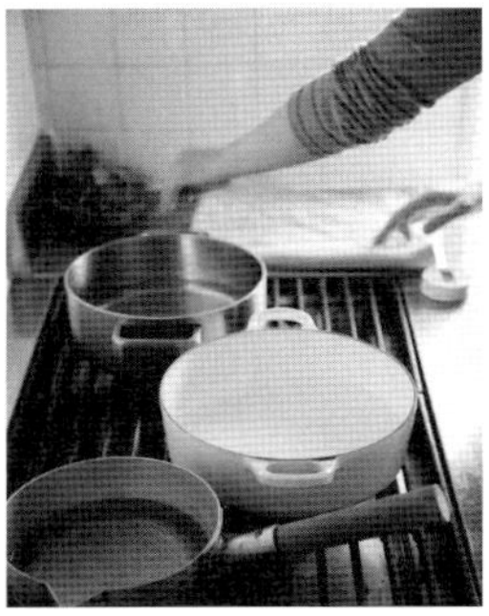
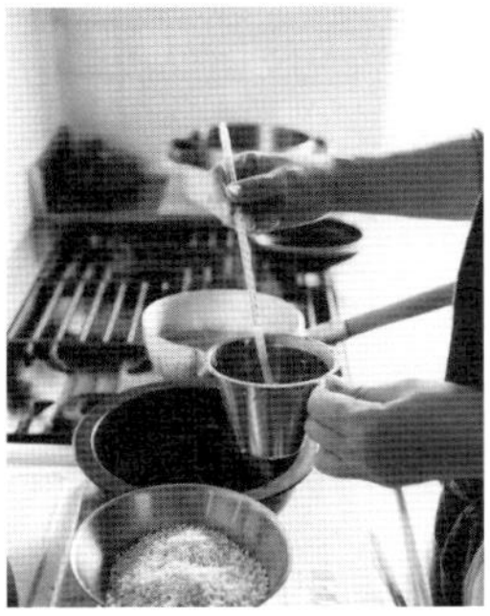
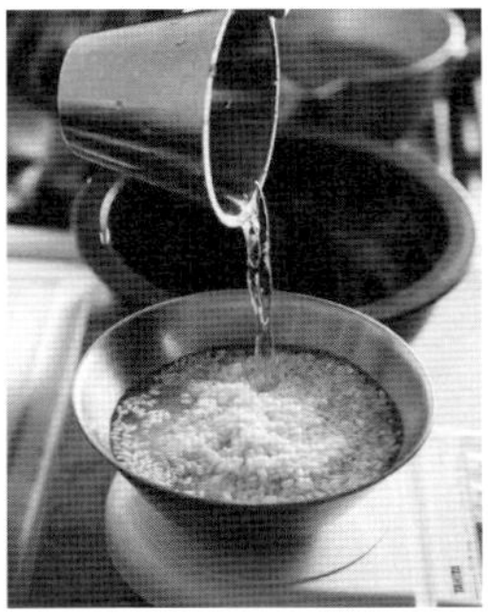
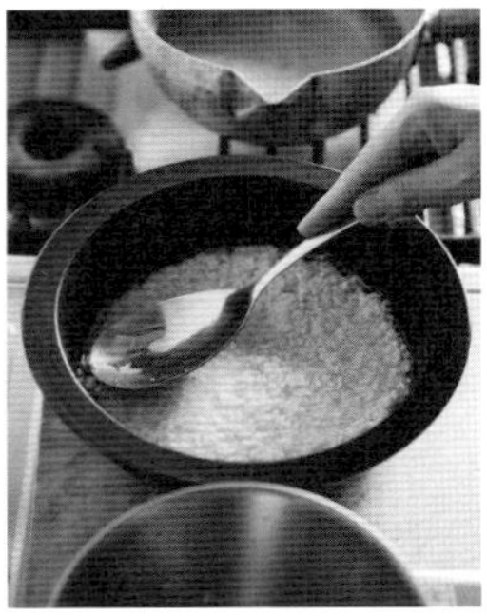
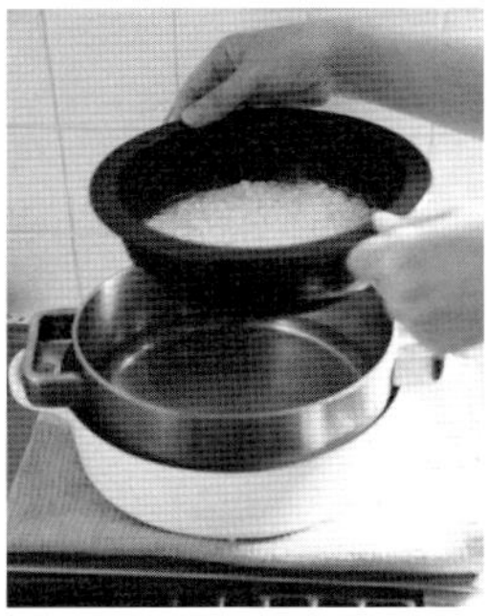
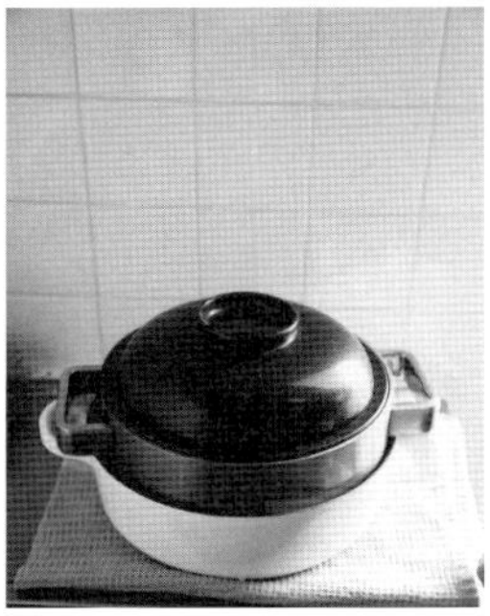
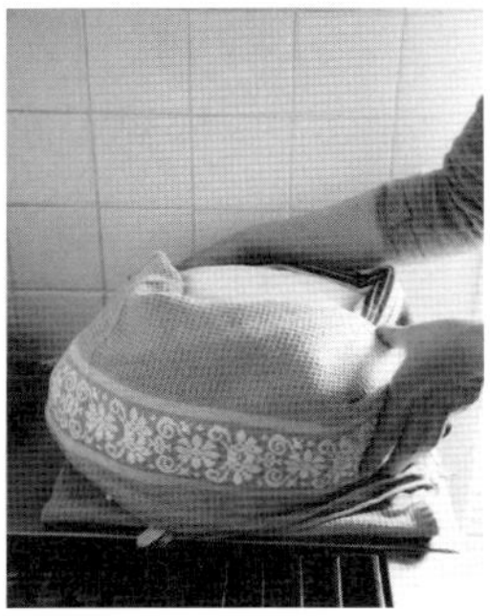
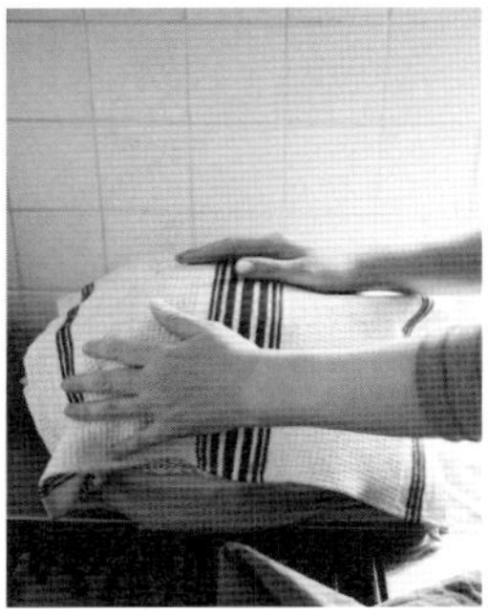
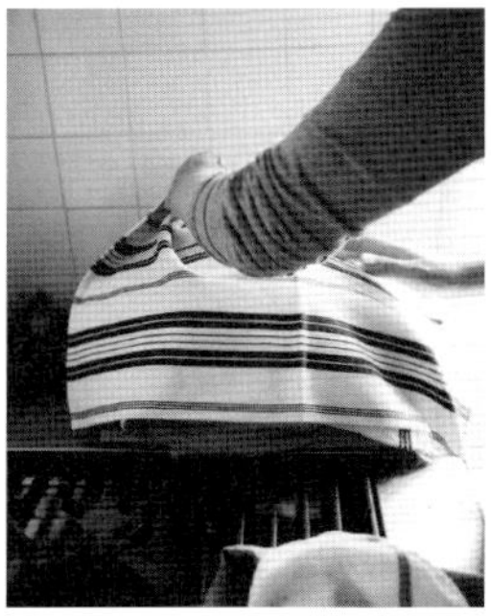
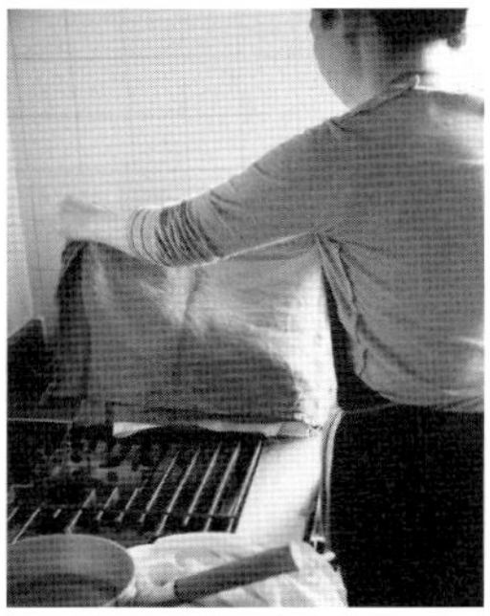
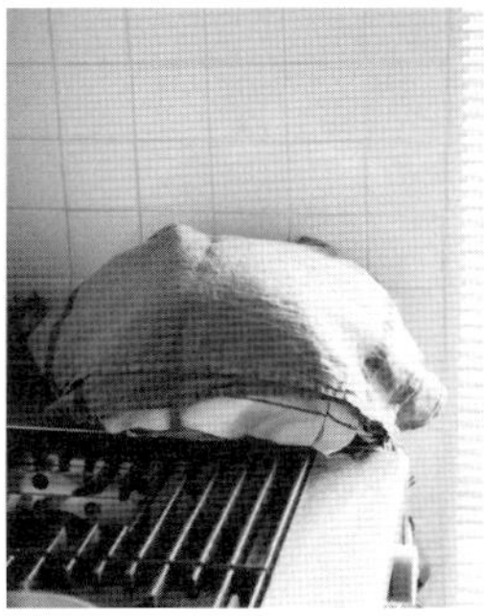
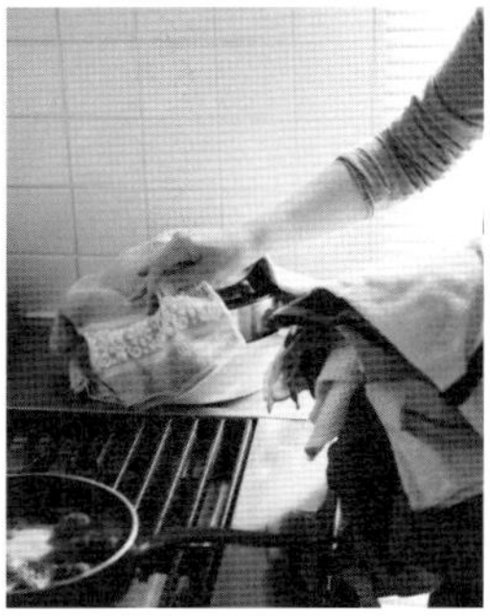
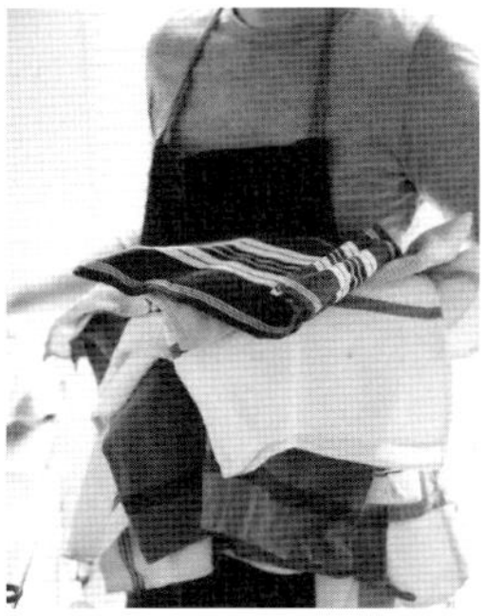
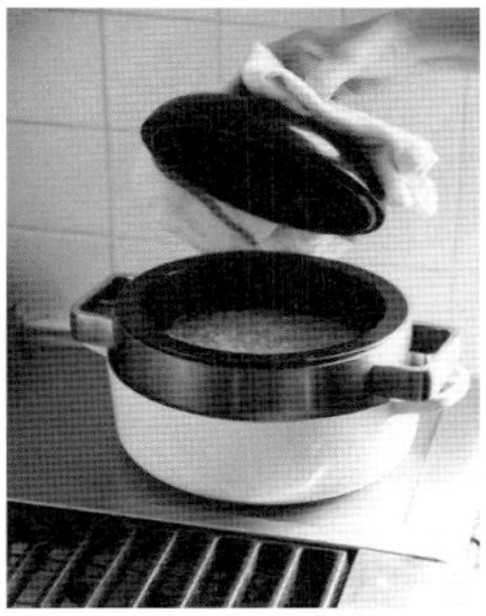
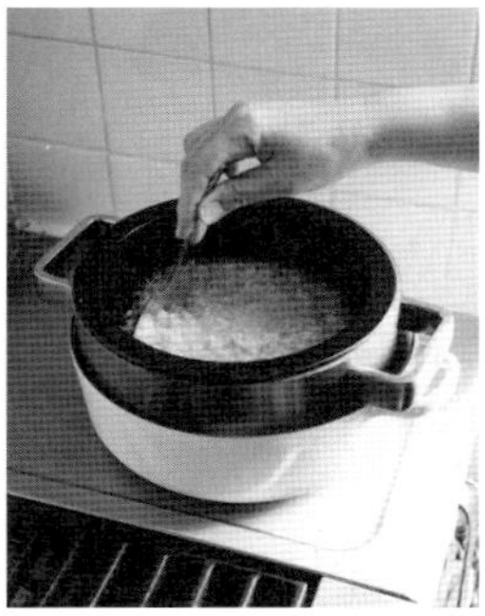
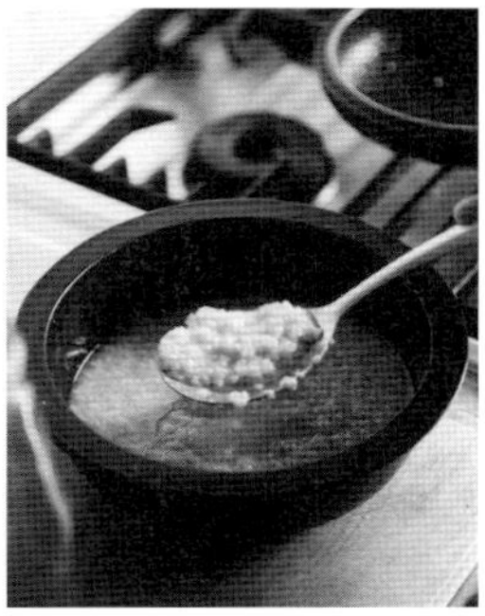

甘酒作り　おくるみ方式

　甘酒は、様子を見ながらできるだけアナログなやり方で作りたいと思っています。昔は、こたつに入れておく――それだけおいしくできるくらい、何の道具もなく作っていたのですから、電気も使わずにのんびりとやりたい気がするのです。
　気温が高い時期なら、ここに紹介するようにキッチンクロス（私はたくさん使うのでこれを）やタオルなどで保温できます。低めの時期なら、毛布に湯たんぽ、使い捨てカイロなんかも動員するといい。電気炊飯器を利用して、炊飯器の蓋に菜箸をはさんで温度調節する方法もあるようですが、微妙な温度差や条件の違いででき上がりが変わるということがおもしろく、不思議でたまらないから、このおくるみ方式をぜひ試してほしいのです。

◎甘酒の作り方

材料と道具
米麹（生）　300g
温度計
大中小3個の鍋
キッチンクロス、
またはタオル、毛布など

1 水300mlを沸かし、水を足して70℃に調節する。これを米麹に少しかぶるくらいに注ぐ。
2 鍋は大中小の3つを用意し、大鍋に半分ほど湯を沸かし、水を加えて70℃に調節する。一部を中鍋に移し、小鍋には1を入れる。大、中、小の鍋を重ね、小鍋には蓋をする。
3 キッチンクロスを敷いた上に2の鍋を置き、腹巻きのようにクロスをまわりに巻き、上からも何枚も重ねて包んで保温する（隙間なく重ねる）。そのまま5〜6時間発酵させる。
4 温度が下がると酸味が出やすいので、6時間たったら必ず中の様子を見る。甘い匂いがして、米粒が半分溶けてやわらかくなり、汁がとろりと甘くなっていたら完成。甘さ、とろっとなじんだ感じ、香りが足りなければ、大中の鍋の湯温を上げて、また保温して2時間以上おく。80℃くらいまで加熱しておくと日持ちする（80℃を超えないよう注意）。

＊甘酒は麹の力でお米を発酵させて作る、昔ながらの天然甘味料。砂糖の甘さとはひと味ちがう、すっきりした甘さ。おかゆに米麹を加えて作るのが一般的。上の方法だと、手間がかからず、お米の発酵食品だなあという感じの濃い仕上がりになります。市販品なら、砂糖無添加のものを選ぶといい。

甘酒を水や豆乳で割ったり、黒糖ゆで小豆を入れてデザートドリンクに。割り方はお好みで。温冷どちらでもおいしい。

◎お茶で一服

玄米ミント茶

玄米茶3：薬草茶2（すぎな茶、柿の葉茶、どくだみ茶など）：ペパーミント1（乾燥）くらいのバランスで混ぜる。薬草茶は、香ばしい玄米茶に混ぜて使うと飲みやすい。少し爽やかなほうがおいしいので、ミントはほんのひとつまみ加えるだけでもいい。

[一緒に食べたいお菓子]
お饅頭／きんつば／羽二重餅／砂糖がけ木の実／甘納豆／ミルクチョコレート／かりんとう

ほうじはま茶

はま茶は鳥取や出雲など山陰地方のお茶。カワラケツメイという豆科の植物を乾燥させて煎ったもので、小さな豆の莢や茎、葉っぱなど、自然な姿が美しい。ほんのり甘いのがおいしいので、ほうじ茶と合わせてより香ばしく。少し長めに、7〜8分くらいおくのがおすすめ。

[一緒に食べたいお菓子]
お饅頭／大福／ゆべし／蒸し羊羹／砂糖がけ木の実／干し柿／甘納豆／どら焼き

スパイシールイボスティー

ルイボスティーは、オーガニックのものも多い。ティーバッグ1袋にシナモンスティック1本とブラックカルダモン1粒を足して、少し長めにおくと、しっかりした味になっておいしい。濃いめが好きなら2袋に。ミルクティーにするのもおすすめ。

[一緒に食べたいお菓子]
干しあんずやレーズンとセミスイートチョコレート／チョコチップクッキー／フルーツケーキ

水出し冷茶

茶葉は凍頂烏龍茶、中国紅茶、龍井茶、煎茶、ミント（乾燥）、紅茶など好みのものを。茶葉の量は、水1ℓにティーバッグ3個分（氷を入れて飲むなら4個分）が目安。お茶パックに詰め、容器に入れて浄水を満たし、冷蔵庫に一晩おく。

[一緒に食べたいお菓子]
水羊羹／あんみつ／みつ豆／寒天や葛の生菓子／アイスクリーム／白玉団子

スモーキーミルクティー

アッサムやセイロンなどのくせのない紅茶に、スモーキーなラプサンスーチョンをひとつまみ（1割より少なく）。泡立てた牛乳でミルクティーにすると、ひと味ちがった深い味になる。牛乳は沸騰直前まで温めて、泡立て器でよくかき立てると、きめ細かく、ふわっとなる。

［一緒に食べたいお菓子］
黒糖のかけら／はちみつをたらした薄いトースト／マドレーヌ／バタービスケット／ビターチョコレート／カステラ／焼き饅頭／黒糖羊羹／かりんとう

今日からあなたの台所で

春夏秋冬、今年の季節はちゃんと巡っているのか？この野菜は、自然の営みにそってつくられているのか？と、料理をくり返せば、いろんなことが気になり、大事なことにも気づくはずです。時には、出来合いのものを買っても問題はなし。そこに、自作のおかずを添えればいいのだから。市販品を自分のほうに引き寄せて、献立の一部に取り入れる、と考える。そんな時にこそ、週末に仕込んだ保存食が、本領を発揮するというわけです。おいしいから、作ることが苦でなくなる。1週間に食べるもの、用意しておくもの、自分の予定と食事の予定の、イメージとリズムができて、料理とのつきあい方が決まってくる。自分の料理を頼れる存在にするもしないも、あなた次第というわけなのだ。

買い物に行ったら、調味料を内容で選んでいますか？裏側の表示を見て、納得した上で買っていますか？　それはもはや、不可欠なこと。何でできているのか、何が添加されているのか、いないのか、値段と内容を検討して、納得して手に取ること。多少の差額は、仕上がりの味のよさで帳消しになるものだから、調味料にもっと頼っていいのです。あれこれ合わせれば、いい味のソースやたれを、自分で開発するのだって難しいことじゃない。上質なしょうゆやお酢やお味噌の、発酵による自然の味に、素材の甘さで十分、と気がつけば、世の中にどれほど過剰な味が多いかに驚くはず。せめて自分で作るものは、シンプルにしようと思うはずです。そうなれば、ゆでた野菜に塩をひとふりしただけだって、十分満足できるようになる。

今や、いや本当は今までも、絶対保証付きの安全はなかったのだから、自分はどうするのか、を決めるのが唯一の解決方法。買ってきた野菜に塩をふって、水でごしごし洗ってみる。なんと生き生きすることか。ちょっと水分が抜けているとか、ずいぶん重みがあるとか、新鮮だとか。これから料理する素材と、挨拶の儀式から始めることを習慣にしよう。そして、丁寧に料理する。そこには、これからのわたしたちにとって重要な、暮らし方のヒントがある気がするのです。

包丁の切れ味よし、お鍋の用意よし、野菜の準備よし。さあ、台所に立って思い切り料理しよう。あなたの料理が、どうかおいしくでき上がりますように。

調味料と道具について

調味料は料理の仕上がりを左右する重要なものです。しょうゆひとさじ、油一滴で、料理がどんなに変わるかを知ってほしい。道具も然り。しっかりしたものをひとつ手に入れて、長く愛用してください。おすすめしたい調味料と道具のウェブサイト等を最後にご紹介しておきます。

[しょうゆ、味噌、麹]

ヤマキ醸造
http://www.yamaki-co.com/

井上醤油店
http://inoue-shoyu.jp/

はつゆき屋
http://www.hatsuyukiya.co.jp/

マルカワ味噌
http://marukawamiso.com/

[油]

鹿北製油
http://www.kahokuseiyu.co.jp/

竹本油脂
http://www.gomaabura.jp/

チェリーテラス
http://www.cherryterrace.co.jp/product/

日本ホールフーズ
http://store.japanwholefoods.co.jp/

鈴商
http://www.suzusho.co.jp/aarhus/

[酢]

飯尾醸造
http://www.iio-jozo.co.jp/

内堀醸造
http://uchibori.com/

三井酢店
http://321su.co.jp/

村山造酢
京都府京都市東山区三条通大橋東

マイユ
http://maille.jp/

[トマトピュレ、油、イタリア食材]

モンテ物産
http://www.montebussan.co.jp/

[鍋、包丁、フライパン、道具類]

ストウブ
http://www.staub.jp/

ツールズ（ステンレス鍋）
http://www.iittalashop.jp/

ル・クルーゼ
http://www.lecreuset.co.jp

有次
京都市中京区錦小路通御幸町西入ル

柳宗理
http://www.yanagi-support.jp/

池浪刃物製作所（種子島包丁）
http://park10.wakwak.com/～ikenamihamono/

大塚刃物鍛冶
http://www.pref.tottori.lg.jp/41529.htm

釜浅商店
http://kama-asa.co.jp/

株式会社ドウシシャ（圧力鍋）
http://www.do-cooking.com/index.htm

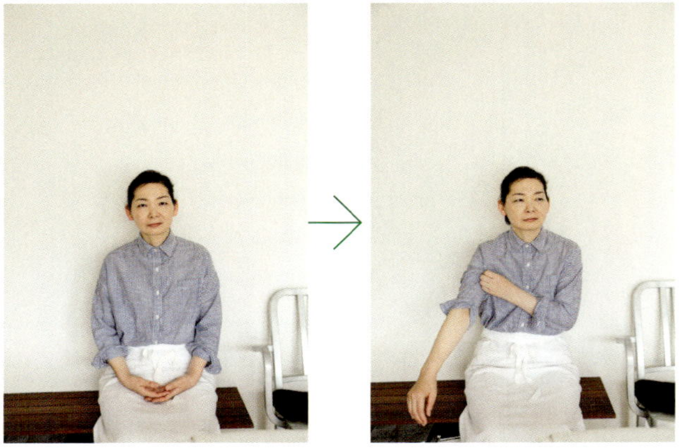

長尾智子（ながお ともこ）

フードコーディネーター。本や雑誌にレシピやエッセイを執筆するかたわら、カフェやレストランのメニュープランニング、食品や器の商品開発も手がける。生来の下ごしらえ好き。切ってきざんで、塩もみ、酢もみ、とんとん、さくさく、ぎゅっぎゅっ……と、ひたすら手を動かし続ける日々。著書に『お茶にあう和風のおかし』（柴田書店）、『あさ・ひる・ばん・茶』『ベジダイアリー』（文化出版局）、『お鍋ひとつでできること』（エイ出版）などがある。
www.vegemania.com

長尾智子の
毎日を変える料理

作って楽しい・食べてうれしい・長尾式料理教室

初版印刷　2012年9月30日
初版発行　2012年10月15日

著者　©長尾智子

発行者　土肥大介
発行所　株式会社 柴田書店
東京都文京区湯島3-26-9 イヤサカビル　〒113-8477
電話　営業部　03-5816-8282（注文・問合せ）
書籍編集部　03-5816-8260
URL　http://www.shibatashoten.co.jp
印刷・製本　凸版印刷株式会社

ISBN978-4-388-06152-5
Printed in Japan